MÉMOIRES

DE

MISS SÉRAPHIE DE GANGE.

Avec tous les moyens de plaire elle n'eut
d'autre ambition que celle d'être utile

MÉMOIRES

DE
MISS SÉRAPHIE DE GANGE,

OUVRAGE POSTHUME

DE MADAME R*****,

AVEC GRAVURES.

PREMIÈRE PARTIE.

A PARIS,

Chez ÉTIENNE CHARLES, Imprimeur, rue
Nicaise, N°. 513.

AN IX.

AVANT-PROPOS

DE L'ÉDITEUR.

CET ouvrage a été composé dans les premières années de la révolution, par une femme de beaucoup d'esprit, et qui connaissait parfaitement le cœur humain. Si son nom ne se trouve point inscrit dans les fastes de la république des lettres; si les cent bouches de la Renommée ne l'ont pas proclamée l'ornement et la gloire de son sexe ; si enfin elle ne s'est point assise au rang des *Muses du siècle dix-huitième*, qui devons-nous en accuser ? Elle seule, sans doute ; car, préférant la douce obscurité au frivole éclat du grand monde, elle se créa une paisible retraite, loin de l'adulation et de l'envie, et ne brigua jamais le suffrage intéressé de cette classe d'hommes qui se sont fait eux-mêmes les suprêmes dispensateurs des couronnes littéraires.

Mademoiselle . . . . naquit à . . . ., en 1754, de parens très-considérés dans le pays. Son père, honnête négociant, y jouis-

sait de l'estime publique. Dès sa plus
tendre enfance, elle montra du
goût pour l'étude. La littérature,
la musique et le dessin deviurent
bientôt ses plus chers amusemens ;
et la rapidité de ses progrès la rendit l'objet particulier des soins des
maîtres habiles auxquels on avait
confié son éducation.

Parvenue à cet âge où l'on cesse
en quelque sorte de s'ignorer soi-
même, plusieurs partis se dispu-
tèrent l'honneur de mériter sa main.
A des connaissances utiles, à des
talens agréables, elle unissait une
belle figure, un caractère excel-
lent, un esprit vif, enjoué, une

modestie rare, une sensibilité profonde, et ce *je ne sais quoi* qui donne un charme aux plus petites choses, et qui la faisait rechercher partout avec empressement. Son cœur avait fait un choix digne de lui ; et l'hymen alluma son flambeau à celui de l'amour.

Heureuse au sein de sa famille et d'un petit nombre d'amis, elle ne soupçonnait pas qu'il pût exister des êtres assez dépravés pour se complaire aux maux de leurs semblables et jouir des pleurs qu'ils ont fait répandre, ou assez faibles pour être eux-mêmes l'instrument de leur infortune. L'habitude du monde et sa propre expérience la tirèrent douloureusement de cette délicieuse erreur. Témoin plus d'une fois de scènes affligeantes, elle en rechercha le principe, et le trouva dans le funeste ascendant de nos passions : le tableau hideux des écarts dans lesquels il nous entraîne trop souvent, et malgré nous, fut pour elle un sujet continuel de sérieuses méditations. Elle étudia le cœur de l'homme, et reconnut qu'il est aussi souvent malheureux par sa faiblesse, que par la méchanceté d'autrui. Dès - lors elle rechercha dans la solitude comment on pourrait lui donner sur lui-même et sur les autres cet empire qui fait triompher de tous les obstacles. Avec tous les moyens de plaire, elle n'eut d'autre ambition que celle d'être utile; et, dans tout ce qu'elle écrivit sur cet objet, son esprit ne fut jamais que l'interprète de son cœur.

Arrachée à de si doux loisirs, dans ces temps de proscription, qui sont encore trop près de nous pour qu'il soit besoin d'en retracer les désastres, elle gémit une année entière dans les cachots du despotisme, n'ayant d'autre consolation qu'une conscience pure et la société d'un époux chéri, le citoyen R..., victime comme elle d'une injuste suspicion. Cette longue détention abrégea ses jours ; elle mourut vers la fin de l'an 3 , âgée d'à-peine 40 ans, et regrettée de tous ceux qui ont eu le bonheur de la connaître.

Les *Mémoires* que nous publions aujourd'hui sont tirés de ses manuscrits: ils seront incessamment suivis de quelques autres plus considérables , d'un volume de *Poësies* , et d'un autre de *Contes moraux*, qui ont été composés, la plupart, pendant sa captivité.

Je déclare qu'aux termes des lois des 19 juillet 1793 et 25 prairial an 3, j'ai déposé deux exemplaires de la présente édition à la Bibliothèque nationale; et qu'ainsi, je poursuivrai devant les tribunaux, comme contrefacteurs, tous imprimeurs, vendeurs et distributeurs d'exemplaires qui ne seraient pas revêtus de ma signature.

MÉMOIRES

DE

MISS SÉRAPHIE DE GANGE.

PREMIÈRE PARTIE.

Lorsque le ciel voulut réunir tout ce qui peut faire le bonheur d'un homme estimable, il créa une femme sensible ; il la fit belle ; il la rendit mère, et ajouta

Iʳᵉ. *Partie.*

à sa touchante douceur toutes les grâces de l'esprit. Telle fut ma mère. Je me souviens des jours de bonheur où sa tendresse veillait sur mes jeunes années : tout souriait autour d'elle ; respect, amour, confiance, amitié : elle inspirait tous les sentimens. Ses regards doux et modestes, sa taille svelte, sa démarche noble, sa bouche riante, son organe, ses talens, tout en elle lui donnait l'air d'une grâce marchant au milieu des mortels, sur lesquels elle répandait la félicité dont elle jouissait elle-même. Je n'ai point oublié cette époque heureuse ; mais, hélas ! je me souviens aussi du changement subit de sa situation. Mon père, qui partageait avec elle les soins de mon éducation et celle de ma sœur ; mon père, dont la tendresse faisait le bonheur d'une épouse adorée, cessa presque tout-à-coup de vivre chez lui. Elle ne se plaignit point ; elle dévora ses larmes ; sa santé fut détruite ; elle périt peu-à-peu, comme une fleur isolée que l'on abandonne à l'âpreté du nord.

Ma sœur avait dix ans ; j'en avais neuf,

Nos regrets désespéraient mon père : ils lui reprochaient sans doute sa cruelle conduite. L'on n'instruit point les enfans des torts de leurs parens ; mais la *nature donne* de si bonne heure le tact qui fait discerner le bien du mal , que je jugeai que les larmes de ma mère , sa longue et muette douleur , et sa mort prématurée , avaient eu pour cause l'éloignement et l'indifférence de mon père. Chaque fois qu'il m'approchait , je poussais des cris aigus , et mes mains repoussaient ses caresses avec une espèce de terreur. Il nous envoya chez une sœur de ma mère , qui habitait une terre très-éloignée du comté d'Oxford , où nous étions : il fut deux ans sans venir nous y voir. Je me souviens que je ne le désirais point ; mon cœur , déjà trop sensible , conserva long - temps une profonde tristesse et un extrême éloignement pour celui que je jugeais être l'auteur du malheur qui me la causait.

Ma tante était veuve et sans enfans ; elle possédait une fortune honnête , que lui avait laissée son mari ; elle était beaucoup plus âgée que ma mère, moins belle, moins spirituelle , mais aussi bonne , aussi douce. L'unique emploi de sa vie fut consacré aux soins que notre enfance et notre éducation exigeaient. Le voisinage d'une ville où s'étaient fixés d'excellens maîtres , fut pour elle un grand secours. Pendant six années , qui n'eurent rien de remarquable , nous ne vîmes mon père que quatre fois. Lors de sa dernière visite , je remarquai, entre lui et ma tante, une froideur qui m'inquiéta. Le jour où les comptes de notre dépense furent réglés , j'entendis qu'elle lui parla avec chaleur des alarmes que sa conduite lui donnait sur notre sort ; elle avait pleuré : la trace de ses larmes ne m'échappa point. Après le départ de mon père , je la suppliai de m'en avouer la cause. Je l'avais vainement priée plusieurs fois de m'instruire de tout ce qui avait intéressé ma mère ; son attendrissement avait été si profond , elle avait éloigné mes questions avec tant d'adresse , que je n'avais plus osé lui en faire. Je profitai de l'état agité dans

lequel l'avait laissée mon père , pour obtenir le récit de tout ce que je désirais savoir. Les femmes les plus réservées de-
viennent communicatives dans le chagrin :
c'est un besoin qui tient plus à leur sensibilité qu'à leur faiblesse.

Voici ce que m'apprit ma tante. « Lorsque
mylord de Gange , mon père , revint de
ses voyages , tout le comté d'Oxford reten-
tissait des éloges de miss Carven ; c'était
la beauté , les grâces , l'esprit et la douceur réunis. Peu riche , mais élevée par
une parente très-opulente , elle avait reçu
une excellente éducation. Une foule d'ado-
rateurs se disputaient l'honneur d'obtenir
sa main. Mon père fut préféré d'elle et de
sa famille. Il l'épousa et la conduisit en
triomphe à Londres , où sa beauté fit
beaucoup de bruit. La sagesse de son esprit , jointe à son extrême tendresse pour
mon père , lui rendirent ce séjour tumul-
tueux peu agréable ; elle demanda avec
empressement d'aller se fixer dans ses terres. Son époux l'y conduisit avec joie. La
nature , qui l'avait formée pour l'honneur

de son sexe et le bonheur de tout ce qui l'entourait , la rendit chère à tous ceux qi la connurent. Ivre d'amour et de félicité , mon père vit passer les premières années de son mariage comme un songe charmant et rapide. Notre éducation, une société d'amis sincères , le soin d'embellir ses terres , et toutes les jouissances que pût procurer une grande fortune, rendaient sa vie occupée , amusée et heureuse. Pendant les temps fort courts qu'elle passait à Londres, ma mère s'étant aperçue que mon père , d'un caractère malheureusement assez faible pour prendre les impressions que l'on avait intérêt de lui donner , était moins empressé près d'elle , et plus dissipateur qu'il n'eût dû l'être , le décida à ne rester que très-peu de temps dans la capitale. Elle sut rendre le séjour de la campagne si agréable , et son empire si doux et si puissant , que mon père préféra à des plaisirs coûteux et bruyans , la félicité dont il jouissait. Il se croyait sûr de sa durée, et n'en demandait pas d'autre ; lorsque mylord Alfred acheta , dans son canton , une fort belle terre. Il avait épousé une femme riche et orgueilleuse, que l'on avait proposée à mon père. Elle en était fort éprise : mon père, très-amoureux de miss Carven, l'avait refusée, malgré ses grands biens et sa famille, l'une des plus puissantes de l'Angleterre. Milady Alfid en conservait un profond ressentiment. Lorsqu'elle avait rencontré ma mère à Londres, elle n'avait pu dissimuler la haine que lui avait inspirée pour elle une préférence dont son orgueil et son cœur étaient également blessés. En arrivant dans le comté d'Oxford, elle la prévint cependant avec l'empressement le plus affectueux. Ma mère qui vivait bien avec tous ses voisins, et dont le caractère vrai ne soupçonnait jamais le mal, fut enchantée de trouver milady Alfied guérie de ses préventions contre elle ; elle lui rendit au centuple les égards qu'elle en reçut, et leurs maisons devinrent le rendez-vous de toute la bonne compagnie du canton.

» Cette nouvelle société augmenta beaucoup la dépense de mon père. Milady

'Alfied avait établi chez elle un jeu excessif ; elle jouait bien et heureusement. Mon père jouait d'une manière absolument différente : milady le mettait toujours de sa partie. Ma mère vit avec peine les pertes multipliées qu'il faisait ; elle en parla avec douceur, et ne fut point écoutée ; elle en parla avec chagrin : depuis cet instant, l'on se cacha d'elle ; elle reçut moins d'invitations. Milady, qui avait réveillé chez mon père la passion du jeu, qu'il avait beaucoup aimé avant son mariage, n'avait plus besoin d'autre attrait pour le conduire à la ruine qu'elle projetait.

» Ma mère fut avertie, par ses amis, des dangers auxquels cette liaison exposait son repos et sa fortune. Elle n'eut plus de doute sur l'intimité qui existait entre milady Alfied et son époux ; non qu'elle voulût croire cette intimité absolument criminelle ; mais c'était un attrait pour les plaisirs bruyans que l'on trouvait chez elle, qui, joint à l'art flatteur qu'elle savait unir au jeu ruineux dans lequel elle l'engageait, ne lui laissèrent plus le courage de supporter la paisible uniformité de sa maison.

» Après tous les efforts de la tendresse, vainement employés pour ramener son époux, ma mère garda sur ses peines le silence le plus absolu ; elle mit sur le compte de sa santé, la tristesse dont elle était dévorée, et qu'elle ne pouvait cacher.

» Mylord Alfied, à cette époque, partit pour ses terres d'Irlande. Milady, qui l'y accompagnait tous les ans, resta. Alors mon père ne conserva plus aucuns ménagemens ; il passait tous les jours et une grande partie des nuits chez elle : des sommes considérables disparurent ; son caractère devint tout-à-coup dur et emporté. Ma mère espérait encore que ses caresses et les nôtres pourraient ramener un cœur, plus égaré par la faiblesse que par le crime ; mais elle ne reçut que des froideurs. La vindicative milady Alfied affecta d'afficher son empire, et ne négligea rien pour détruire la fortune et le bonheur de celui qu'elle vouloit punir de ses anciens mépris. L'ame de ma mère fut déchirée, sa santé fut détruite ; les consolations de l'amitié ne purent ranimer un cœur flétri par la perte d'un bonheur , sans lequel la vie n'était rien pour elle : elle désira la mort , et ne la vit que comme le terme de ses peines.

» Mon père fut réveillé , par ce funeste événement , de sa cruelle et coupable léthargie. Son désespoir fut affreux ; il fut sincère , et ne toucha personne. Ses fautes lui avaient rendu le spectacle de la vertu à charge ; mais il sentit tout son prix , dès qu'il en fut privé. Il nous éloigna , ma sœur et moi : il fut abandonné de toutes les personnes estimables avec lesquelles il vivait depuis dix ans. Et milady Alfred , riche de ses dépouilles , et suffisamment vengée de ses mépris , le livra sans dissimulation et sans pudeur , à la honte d'avoir été indignement trompé , et aux remords d'avoir assassiné la plus sensible des femmes ».

» Devenu insupportable à lui-même , mon père s'éloigna d'un séjour où tout lui rappelait le souvenir de ses fautes. Il erra long-temps sans donner de ses nouvelles à ma tante , qui , instruite du délabrement de sa fortune et de la passion qu'il avait encore pour le jeu , me confia ses alarmes : je les sentis, et je les partageai ».

Clémentine (c'est le nom de ma sœur), plus vive et moins sensible peut-être , s'en occupa légèrement : *elle était aimée de sir* Édouard Clarens , dont les qualités et la fortune lui promettaient un sort heureux. Il était modeste , doux , sensible. La légèreté de Clémentine et les inégalités de son caractère le chagrinaient souvent ; mais elle riait de ses peines. Fatigué , irrité enfin d'une conduite aussi injuste , il rendit à ma sœur ses engagemens , et ne revint chez ma tante , que comme un ami : elle fut très-affligée de voir échapper le parti le plus avantageux auquel Célestine pouvait prétendre. Certaine , sans doute , du pouvoir de ses charmes , elle rit ce jour-là , se para , fit de la musique comme les autres jours , et me laissa très-surpris de tout ce que je voyais. Mes idées sur l'amour n'avaient rien de fixe encore ; mais , je m'étonnais que l'on n'eût pas plus d'égards pour un homme qui me semblait parfaitement estimable , ni plus de bonheur par un sentiment aussi vrai que celui dont il était capable.

Quelques jours après cette brouillerie, que vainement je voulus faire oublier à sir *Edouard*, *on donna dans le canton une fête* à laquelle nous fûmes invitées. L'on y fit beaucoup de musique ; Clémentine et moi avions de véritables talens, que l'on admira d'autant plus, qu'ils étaient le fruit d'un goût naturel, cultivé par un travail assidu. Sir Clarens s'occupa uniquement de moi, et très-peu de ma sœur ; je la vis mortifiée, et je jugeai que l'amour-propre était chez elle plus fort que l'amour : un regard ironique et dur qu'elle jeta sur moi me le persuada ; ce regard me serra le cœur. « Ah ! Clémentine, lui dis - je en serrant tendrement sa main, serait-il vrai que l'amitié des femmes, des sœurs même, ne tînt pas contre un mouvement de jalousie ? Je vous conjure, que ce ne soit pas vous qui me fassiez faire cette épreuve ». Sir Edouard Clarens m'approcha dans ce moment ; je lui fis quelques reproches auxquels il répondit, en m'offrant son cœur et sa main :

« J'accepte

« J'accepte tout, lui dis-je , mais pour le rendre à Clémentine. Quelle idée prendriez-vous d'une jeune personne qui établirait sa fortune sur la querelle de deux amans , et qui usurperait les droits de celle qui doit être préférée? ...» — « Préférée, miss! lisez dans les regards de toute l'assemblée l'approbation de mon choix. Miss Clémentine a l'éclat qui attire, la gaieté qui plaît, la légèreté qui fait valoir les grâces : et vous , miss, la véritable beauté qui ravit, la douceur qui enchante , et la sensibilité qui vous fera adorer constamment». — «Sir Edouard , dis-je en rougissant , autant de chagrin de l'espèce de blâme donné à ma sœur , que de l'éloge excessif qui m'était adressé , vous oubliez que notre dernière lecture fut la critique de la louange, et la méfiance qu'elle doit inspirer ».

Sir Edouard Clarens partit le lendemain pour Londres, en me suppliant de le compter au nombre de mes plus fidèles amis.

Sir Patrice Langlade , jeune homme très-riche et très-mal élevé, comme le sont trop souvent les enfans uniques, perdit son père;

Iͬᵉ. *Partie.*   B

Clémentine m'annonça cette nouvelle avec une joie mal dissimulée. Comme je ne connaissais pas encore le cœur humain, je ne concevais pas que quelques espérances particulières pussent rendre insensible à la perte d'un homme de bien. Son fils, qui avait été jusqu'à ce jour l'objet de notre critique, devint celui des égards de ma sœur; il la demanda à ma tante, qui donna sa parole et celle de mon père. Il arriva peu de jours après, et fit célébrer le mariage : il promit beaucoup, et je pensai que l'on avait exagéré le désordre de sa fortune. Je ne l'avais pas revu depuis les cruels détails que ma tante m'avait donnés sur la mort de ma mère : ils avaient fait sur mon cœur une impression douloureuse et profonde, qui me rendit la vue de mon père pénible. Je ne l'approchais qu'en tremblant : quand je voulais lui parler, mes paroles expiraient sur mes lèvres ; ses préférences, ses caresses ne pouvaient effacer l'idée qui me faisait repousser sa tendresse ; je sentais mes torts, et je ne pouvais les vaincre.

Un jour j'étais à lire dans un bosquet ouvrant sur une allée dans laquelle il entra, mais tellement absorbé dans sa rêverie, qu'il ne m'aperçut point : je vis sur sa figure *l'expression de la douleur ; je fus à lui*, je saisis sa main : «Mon père, lui dis-je, aimez-moi».—«Dieu ! s'écria-t-il, c'est elle ! son air, sa figure céleste, son organe, ses paroles !...» Il s'échappa, et s'enfonça dans un bosquet ; il ne versait point de larmes, mais il poussait des cris : je tombai sur le banc près duquel j'étais, je pleurai amèrement... Cet instant suffit pour me faire voir à découvert l'ame de mon infortuné père... «Séraphie, me dit-il en revenant près de moi, vous êtes l'image parfaite de votre trop malheureuse mère : vous avez donc aussi son ame ? Le ciel vous donne un époux plus digne de votre sensibilité que je ne le fus de la sienne !»

Cet instant rendit à mon père ma première tendresse ; je sentis qu'elle devait le consoler des remords dont son cœur paraissait continuellement déchiré. Il passa un mois chez ma tante ; elle était depuis long-temps malade ; ce qui, joint au grand deuil de sir Langlade , fit qu'il n'y eut aucunes fêtes données pour son mariage. Je devais l'accompagner à Londres ; je me souvenais *à peine d'y avoir été : mon père se* proposait de me faire voir tout ce qu'il contient de remarquable ; mais l'état de ma tante m'inquiétait, je refusai de la quitter. Hélas ! j'avais raison de ne pas vouloir perdre un seul des momens que je pouvais encore passer auprès de cette respectable amie ; car, peu de jours après le départ de ma sœur, elle mourut tout-à-coup d'une attaque d'apoplexie. Je fus inconsolable ; je perdais en elle un être bienfaisant, auquel mon cœur et ma reconnaissance m'avaient également attachée : l'ignorance de tout autre sentiment s'était tourné au profit de l'amitié.

La terre sur laquelle ma tante vivait, retournait, à sa mort, à la famille de son mari : elle ne nous laissa qu'une modique rente, et à chacune d'assez beaux diamans. Deux jours après sa mort, sir Clarens vint partager mon chagrin, et me renouveler l'offre de sa main : je fus pénétrée de reconnaissance en l'écoutant , mais je ne fus point émue par cette sensibilité que doit faire éprouver le sentiment que l'on peut partager. J'estimais sir Edouard ; j'étais fière de sa préférence ; mais l'idée de former avec lui un engagement indissoluble me pénétra d'effroi. Mon imagination rapide me retraça , dans ce moment, tout ce qu'il faut de qualités réciproques pour oser le former, tout ce qu'il faut avoir de rapports dans le cœur et dans l'esprit. Je songeai aussi aux perfections de ma mère, qui n'avait pu fixer l'époux qu'elle adorait , et je pris peut-être la froideur de mes sentimens à l'égard de sir Clarens pour un éloignement réel pour le mariage. J'étais restée plongée dans ce chaos de réflexions, que sir Edouard regarda sans doute comme l'effet de ma timidité naturelle. « Miss, me dit-il, mon tendre intérêt pour vous me force de vous apprendre que les affaires de mylord votre père sont excessivement dérangées. Que cela ne vous alarme point : votre sœur est riche par son mariage avec sir Langlade; vous le serez davantage, si vous acceptez la main de l'homme qui vous aime et vous respecte le plus. Je suis forcé d'aller passer trois mois en France, pour y régler des affaire essentielles; que le ciel veille sur vous pendant ce temps, comme sur un trésor précieux! A mon retour, je viendrai recevoir les ordres que vous daignerez me donner ».

Il s'éloigna sans attendre ma réponse, pour diminuer sans doute l'embarras dans lequel il m'avait jetée. Peu dë jours après, mon père arriva. La douleur que j'éprouvai en quittant l'asile de paix et d'innocence, dans lequel j'avais été élevée, fut bien profonde ; elle semblait me présager que le temps du repos était fini pour moi. Avant de partir, je parcourus tous les appartemens , je couvris de larmes et de baisers tout ce qui avait appartenu à ma tante, j'embrassai ses vieux domestiques en pleurs, rassemblés autour de moi; je ne pus garder que Paggy , jeune fille de mon âge, à laquelle j'étais très-attachée ; je donnai aux

autres tout ce que je pouvais donner : je
partis emportant leurs regrets. Ma douleur, en suivant la route de Londres, fut
aussi vive que si j'avais été conduite dans
le plus affreux désert.

Je fus surprise, en descendant de voiture,
de ne pas voir ma sœur; elle savait l'heure
de notre arrivée. Je jugeais encore le cœur
des autres par le mien. Avec quelle amertume il me fallut, dans la suite, perdre
cette douce habitude si naturelle à l'inexpérience ! Le lendemain, je fus plus étonnée encore de la voir paraître si vive, si
gaie, si parée, si peu occupée, enfin, de
la perte que nous avions faite ; j'en fus, je
l'avoue, révoltée. Je passai le reste du
jour dans mon appartement. Le jour suivant,
en parcourant l'hôtel, je fus affligée de le
trouver presque entièrement démeublé : une
seule pièce contenait encore quelques ta-
bleaux ; mais je me souvenais d'en avoir
vu un grand nombre, dont on vantait la
beauté et le prix, qui avaient disparu : je
ne témoignai cependant ni surprise, ni
chagrin.

qui , seule , solitaire au milieu des ténè-
bres , alarmée par sa tendresse , effrayée
par ses sentimens , se livre à toutes les
craintes que lui fait éprouver la longue absence de celui qu'elle aime , il aurait pitié
de ses tourmens , et ne changerait pas la
paix du sommeil en un trouble et des ter-
reurs cruelles.

A deux heures du matin , j'entendis ouvrir une petite porte , par laquelle mon
père rentrait souvent. Je courus à sa rencontre : il n'était pas seul ; la crainte d'être
indiscrette m'arrêta ; mon cœur battait ,
mes genoux tremblaient. A la clarté d'une
bougie , que tenait Williams , j'aperçus
mon père , pâle , couvert de sang , se sou-
tenant à peine sur le bras d'un étranger.
Quel regard de douleur et de pitié il jeta
sur moi ! Je tombai à ses pieds sans sentiment. En ouvrant les yeux , je me trouvai
soutenue par le jeune étranger. « Pardon ,
miss , me dit-il , avec un air de décence qui
calma un peu ma terreur , si j'ose vous
donner des soins ; votre femme de chambre
est allée réveiller vos gens , et le domes-

tique qui était avec vous , a couru chez un chirurgien. » Mon père était évanoui sur son lit ; je poussai des cris qui le rappelerent à la vie. « Séraphie , me dit-il , calmez vos craintes, ma *blessure n'est pas mortelle :* remerciez ce généreux étranger ; sans lui , je n'existerais plus ».

Le chirurgien arriva : on visita sa blessure ; elle était profonde : il mit le premier appareil , et me fit espérer qu'elle n'aurait pas de suites funestes. Le jeune étranger nous donna tous les secours que peut inspirer une généreuse sensibilité : j'étais si troublée , que je le laissai sortir avec le chirurgien , sans lui avoir fait une seule question sur les causes de l'accident de mon père. Je restai près de lui jusques à sept heures, que , le voyant paisiblement endormi , et me sentant accablée de fatigues, je fus prendre quelque repos , le laissant aux soins de Williams et d'un autre domestique très-attentif.

A neuf heures, un laquais entra subitement dans ma chambre. « Mon père se meurt ! » m'écriai-je , avec une terreur profonde.

« Non , me dit-il, il est tranquille ; mais il vient d'entrer dans l'hôtel , des gens , des huissiers , je pense , qui veulent aller dans son appartement. Je donnai ordre d'en fermer toutes les issues , et de les prier de m'attendre un moment : je courus vers lui ; je vis un grand homme , sec , au regard farouche , qui me dit être huissier, entouré de six personnes dont la figure me fit frémir ! c'était des records. En vertu d'une sentence obtenue contre mon père , ils venaient, me dirent-ils, l'arrêter et se saisir des meubles et de son hôtel , qu'il avait perdus la veille dans une partie de pharaon. Ils me firent voir les billets, signés de mylord de Gange , et la sentence ». Arrêter mon père ! il est blessé ; il est mourant , m'écriai-je douloureusement ! au nom du ciel , suspendez votre cruelle exécution ; je récompenserai votre pitié ; je remettrai dans vos mains des gages qui vaudront une partie des meubles qui restent dans cet hôtel ». Je courus à mon secrétaire ; je pris l'écrin contenant mes diamans : mais, à l'excessive diminution de son poids , je jugeai que la

majeure

majeure partie m'en avait été enlevée. Ce moment fut cruel : il est affreux de rougir pour son père... Je n'attachais qu'un faible plaisir à la possession de ces diamans ; *m'en servir pour acheter la libertéde mon* père, eût été en faire un emploi si doux!... Ce qui en restait était de peu de valeur, en comparaison de ce que j'avais annoncé : l'huissier me le fit remarquer; il les prit cependant, et me promit de faire suspendre l'exécution de la sentence jusqu'au moment où mon père serait en état d'être transporté, en laissant deux gardes dans son anti-chambre. « Je prendrai, dit-il, les meubles de cet appartement; ils sont beaux, et la personne à laquelle ils appartiennent, en veut jouir sans délai ». Ses recors commencèrent aussitôt à les détacher. L'on avait été chez ma sœur; elle et son époux avaient couché à Windsor. Je m'assis au milieu de ma chambre, regardant à travers mes larmes cette scène humiliante. Pas un ami, pas une connaissance, pensais-je bien douloureusement, qui puisse me protéger et me défendre ! Je sentais tout le poids de

l'abandon , lorsque l'étranger qui, pendant
la nuit , avait secouru mon père , arriva.
Je cachai ma figure et mes larmes dans
mes mains : le jeune homme s'informa des
motifs de tout ce qui se passait. Williams
l'en instruisit. Il voulut voir la sentence et
les billets. Tout était obtenu et à l'ordre du
lord Delby. Je n'avais jamais entendu pro-
noncer son nom. « C'est, me dit l'huissier,
un homme de la cour, très - riche, et l'un
des plus gros joueurs de l'Angleterre. Milady Alfied , sa sœur, dont je fais aussi
les affaires , m'a recommandé beaucoup
d'exactitude dans celle - ci. » Au nom de
l'implacable ennemie de mon père , je sentis tout le péril de notre situation. L'obligeant étranger dit à l'huissier de l'accompagner chez le juge - de - paix ; il me fi
rendre mes diamans , et sortit avec lui, me
laissant entourée de six recors.

Je courus à la chambre de mon père
pour m'assurer si, comme je l'espérais, i
n'avait pas en connaissance de ce qui s'étai
passé : je l'avais confié aux soins de Paggi
qui, attirée près de moi par son inquiétude

l'avait laissé un moment. Je m'étudiais,
en approchant de son lit, à prendre un ex-
térieur calme. Mais, quel affreux spectacle
frappa mes regards ! l'appareil de sa blessure était arraché ; son lit baigné de
sang, et la pâleur de la mort couvrait
son front. Mes cris attirèrent ses gens ; des
sels, des eaux spiritueuses le ranimèrent.
Par une espèce de mouvement convulsif,
il s'assied sur son lit : « Séraphie , me dit-
il , laissez mourir l'assassin de votre mère
et l'ennemi de ses enfans ; il ne me reste
en partage que le déshonneur et la misère : une femme , ou plutôt une furie , attachée à mon sort , m'a fait arracher tout ce
qui me restait , en profitant de ma funeste
passion pour le jeu , et se servant de vils
agens , qui m'ont frauduleusement gagné ,
et fait signer , pendant une ivresse qui
n'était pas naturelle , tous les billets qu'ils
ont voulu : c'est au lord Delby qu'appartiennent actuellement les deux terres qui
me restaient : hôtels , meubles , bijoux ,
vos diamans même ; je n'ai rien res-
pecté, j'ai tout perdu ! Tes larmes , la pitié

augmentent ma honte et ma fureur !....
qu'on me laisse mourir !...... je ne suis
plus digne de vivre !...».—«O ! mon père,
calmez cette affreuse agitation, disais-je,
en le baignant de pleurs, et pressant sa
blessure ensanglantée de ma main tremblante ; le ciel nous protégera »! — « Il doit
protéger ta candeur et ton innocence, et
me frapper des foudres de sa vengeance !...
Vois cette figure céleste, dit-il, en tirant
un rideau, qui, dans le fond de son alcove, cachait le portrait de ma mère ;
voilà l'image de l'être angélique dont mes
erreurs, dont mes crimes t'ont privée :
vertus, esprit, beauté, et le plus tendre
amour ! j'ai tout méconnu ; je l'ai conduite
au tombeau ! et moi, je vois encore le
jour !...... »

Une commotion violente agita tous ses
membres ; tout son sang se glaçait ; ses gens
étaient éperdus ; le chirurgien n'arrivait
point ; l'abandon, la terreur, la mort m'environnaient, quand l'obligeant étranger parut encore : il se précipita vers moi, et
m'ôta la fonction déchirante et sacrée d'ar-

rêter le sang de mon père ; plus fort et
plus adroit, il parvint à serrer sa blessure... « Homme généreux, lui dit - il,
votre tâche est donc de me sauver la vie ?
Qui êtes-vous ? que votre nom soit cher à
Séraphie ! qu'avant d'expirer, je l'unisse
aux vœux que forme pour vous ma reconnaissance ! » Nous obtînmes que mon
père serait plus calme, et nous nous éloi-
gnâmes un peu de son lit.

« Je me nomme Darmance, et je suis
étranger, me dit-il : hier au soir, j'étais
resté assez tard chez un peintre, qui me
donne quelques leçons ; je me sentais la
tête brûlante ; la nuit était belle, je mar-
chais lentement : en passant près d'une
maison, dans laquelle se rassemblent des
joueurs, j'entendis une querelle assez vive ;
plusieurs personnes en sortirent ; deux ou
trois me parurent disposées à en assassiner
une ; on lui porta un coup, avant que je
fusse assez près de lui pour le secourir :
c'était mylord, votre père ; il conserva assez
de courage pour arriver jusqu'ici. Voilà,
miss, tout ce que je puis vous apprendre. »

Le chirurgien arriva enfin, et fut fort effrayé de la quantité de sang que mon père avait perdu : malgré son extrême faiblesse, il ne vouloit point qu'on le pansât. État affreux où l'homme, *dégradé par le sentiment intime de ses fautes*, se croit indigne de la vie et du secours de ses semblables : « Laissez, disait-il, laissez mourir un malheureux dont aucune vertu ne peut faire pardonner les erreurs. »

Je le calmai enfin. Par amour pour moi, il me promit de vivre : « Dans l'instant peut-être, me dit-il, ils vont venir nous chasser d'ici ; car ils en ont le droit ». — « Ce soir, répondis-je, mylord Langlade sera de retour ; il obtiendra un délai ». — « Hélas ! reprit-il, ta sœur n'a ni ta tendresse pour moi, ni ta sensibilité ; je redoute leur colère ». Je le forçai de garder le silence, et je le laissai un moment avec Williams, pour savoir de Darmance quelle avait été la décision du juge-de-paix.

Il avait ordonné une surséance et un délai pour le payement des billets et l'abandon de l'hôtel, jusqu'au moment où

mon père serait hors de danger. Il me demanda la permission de venir s'informer
à milady Langlade, à son retour, ne pourrait pas arranger nos affaires.

J'étais accablée de fatigues; je me fis ar-
ranger un lit près de celui de mon père ;
nous reposâmes l'un et l'autre quelques
heures. Surprise à mon réveil de ne pas
entendre parler de ma sœur, j'envoyai chez
elle ; elle me fit dire qu'elle était revenue
excédée ; qu'elle s'était couchée ; que
dans l'instant où elle m'écrivait, elle
était dans les mains d'un fameux coëffeur,
parcequ'elle devait aller à un brillant concert, chez la duchesse de Kinston ; mais
qu'elle nous verrait un moment dans la
soirée. Une toilette, un concert, dis-je
avec un stupide étonnement, lorsque mon
père est mourant, et sous les liens d'un
humiliant décret ! Je lui écrivis : « Je voudrais qu'il me fût possible d'épargner à
votre cœur le coup affreux, dont le mien
est déchiré. Mon père a, hier, été griè-
vement blessé d'un coup d'épée; le chirurgien assure qu'il est sans danger; mais

» il ne peut l'être véritablement qu'après
» la levée du premier appareil. Je vous
» attends avec mylord ; j'ai des choses im-
» portantes à vous communiquer ».

Williams remit lui-même mon billet à
ma sœur : — «Elle a paru fâchée, me dit-il
à son retour ; ce n'est pas triste, que je
veux dire, ajouta ce bon serviteur ; car
j'ai vainement voulu l'alarmer sur l'état
de mylord ; elle viendra, cependant ».

A huit heures, elle parut effectivement,
radieuse de beauté et de parure, ornée de
tous ses diamans, couverte de fleurs, et
répandant le parfum de toutes les essences
d'Italie. Mylord la suivait en habit de
cour : mais l'un et l'autre avaient sur la
figure l'expression pénible de l'incertitude
que donne le désir de faire une chose que
l'on sent être répréhensible. Je restai pé-
trifiée en les voyant ; et au lieu d'aller
au devant d'eux, je m'approchai du lit
de mon père, pour tâcher de lui dérober
la vue de leur élégance ; mais il la vit, et
ne jeta sur eux qu'un coup d'œil glacé. — «Séraphie, me dit-il, est-ce que votre sœur

ne savait pas ?... » — « J'étais à Windsor, dit-elle avec empressement ». Mon père détourna la vue, et ne leur parla plus. Nous restâmes tous les trois auprès du feu , plongés pendant quelques minutes dans un morne silence. — « Est-ce que vous n'avez pas lu mon billet , ma chère Clémentine »? — « Pardonnez, Séraphie ; mais connaissant votre excessive sensibilité ; je vous ai cru trop alarmée. Pour la première fois, nous sommes invités chez la duchesse : vous connaissez son crédit, qu'il est essentiel de ménager dans un instant où mon mari est prêt d'en avoir besoin » — « Si l'état de mon père ne peut vous ôter le désir de paraître, lui dis - je en contraignant avec peine ma juste indignation , peut-être que la senten-ce... » — « Quelle sentence, dit mylord très-troublé ?... » — « Elle prive mon père de sa li-berté ». — « Cela est impossible, Séraphie », dit ma Sœur en rougissant. — « Hélas ! trop vrai, milady. Mon père, entraîné par sa funeste passion pour le jeu, et sans cesse entouré d'ennemis qui, depuis dix ans , travaillent à sa ruine, a succombé sous leur adresse. Ses terres, son hôtel et le reste de ses meubles ne sont plus à lui; et la sentence dont je vous parle, le privera de sa liberté, parce qu'il est impossible qu'il acquitte des billets considérables qui sont échus ». — « Cet hôtel, dit mylord, m'appartient; il est une portion de la dot de mon épouse; nous devions venir l'habiter dans un an. Il serait affreux d'être trompé d'une manière aussi cruelle ! ajouta-t-il en mordant ses lèvres ». — « J'espère que nous ne le serons point, dit ma sœur; mon père n'a pu donner des biens engagés par mon contrat de mariage; mes droits doivent être plus sacrés que ceux qu'il a donnés, depuis cette époque, à de misérables joueurs ». — « Clémentine, lui dis-je, les yeux remplis de larmes et le cœur brisé de tant de dureté : mon père est mourant, respectez ses fautes, en faveur de son repentir. Et vous, mylord, éclairez mon inexpérience, dans le dédale effrayant où je suis ». — « Miss, reprit-il fort sèchement, j'ai besoin de l'être moi-même; car je suis décidé à suivre, à la rigueur, les droits de mon épouse. » Il lui fit un signe, et ils se disposèrent à sortir. — « Quoi ! leur dis-je effrayée, vous m'abandonnez sans me donner un conseil ?» Mais ils étaient déjà dans l'anti-*chambbre*, où ils rencontrèrent Darmance et le chirurgien ; la parure excessive de ma sœur, tous ses gens en grande livrée, faisaient un bruit indécent ; son air de fierté et d'indifférence, le ton hautain de mylord, tout cela formait un contraste si frappant avec notre malheureuse situation, ma pâleur, mes cheveux épars, qu'ils restèrent immobiles. — « Quelle est cette dame », me demanda Darmance ? « C'est ma sœur, » dis-je, en répandant des larmes bien amères. Cet instant d'une cruelle insensibilité fut puni par de grands maux…. Nous rentrâmes chez mon père. — « Sont-ils partis ? me dit-il. Le ciel me devait cette punition» Il garda ensuite un long silence.

— « En vous quittant, miss , me dit Darmance, j'ai consulté, sans nommer mylord, un homme sage et très-éclairé sur ces affaires ; il croit qu'il est pressant d'employer des amis , pour obtenir du lord

Delby un arrangement de lui - même , et non de son huissier, ou au moins une très-longue suspension de la sentence». — «Des amis, lui dis-je, helas ! le meilleur que je connaisse, est mon père. Elevée dans une terre très-éloignée de la capitale, je n'y connais personne ; ma sœur et son époux paraissent être fort irrités , et ce mylord Delby est le frère de l'implacable ennemie de mon père. Je lui racontai les motifs et les effets de sa haine». Hélas! dit Darmance, étranger dans ce pays , et n'ayant par moi-même nulles facultés essentielles, je pourrai bien peu faire pour mylord de Gange ; mais si mes soins, mes veilles, ma vie même , ajouta-t-il avec une espèce d'enthousiasme , peuvent alléger vos peines , disposez de moi ; miss. Tant de vertus, de charmes et de malheurs peuvent commander à tout ce qui respire. Demain, je m'informerai des alentours du lord , et vous en rendrai compte ». Il se retira en me suppliant de prendre quelque repos.

Quel est donc ce mortel secourable , me demandai-je ? Tous les maux qui nous environnent,

ronnent, loin de rebuter son courage ;
emblent l'attacher plus fortement à notre
rt. Les malheureux ont donc des amis ?
l'active bonté de Darmance s'étend sur-
ut; il oublie les amusemens de son âge,
s liaisons, ses amis, car il doit en avoir.
t vous, ma sœur ?.. et vous, mylord ?
Ah ! n'éprouvez jamais le chagrin de dé-
ouvrir une insensibilité cruelle, dans les
œurs où vous croyez trouver l'amitié con-
olante. Je me couchai en faisant ces tristes
éflexions ; mon sommeil fut agité comme
lles. Mon père le fut aussi : nous pas-
âmes l'un et l'autre une très - mauvaise
uit. Je remarquai que son silence et les
énèbres augmentent beaucoup la tristesse,
t que les malheureux le sont alors dou-
lement.

De très - bonne heure, mylord me dit
u'une des femmes de ma sœur demandait
me voir. — « Miss, me dit-elle, j'ignore le
otif de tout ce qui se passe; mais ma
aîtresse et mylord sont excessivement
gités ; elle est revenue toute en larmes
e chez la duchesse, et mylord furieux.

Ire. *Partie.*   D

Il m'a ordonné de tout disposer pour u
bien long voyage. Gardez - vous bien
miss, de paraître instruite, et venez secou
rir milady. »

J'oubliai les torts de ma sœur , et l
fureur de son époux ; je ne songeai qu'
leurs chagrins. Mon père était parfaite
ment calme : le chirurgien qui était au
près de lui me promit d'y rester jusque
à mon retour. Je me fis porter chez m
sœur. Mon arrivée inattendue parut la con
fondre. — « Quoi ! déjà vous savez »… m
dit-elle à travers ses sanglots. — « Je viens
lui dis-je, pour apprendre de vous - mêm
ce qui vous afflige, et vous donner tout
les consolations qui dépendront de moi »
— « Sachez donc, me dit-elle, que le con
cert de la duchesse de Kintson a été asse
languissant jusques au moment où j'ai exé
cuté sur ma harpe une superbe sonate
accompagnée par Clémenti. Les plus vi
applaudissemens se sont fait entendre. L'o
a demandé qui j'étais ? — Miss de Gange
nouvelle épouse de mylord de Langlade
« Quelle horreur, s'est écriée une femm

ue je ne connaissais point . et que l'on m'a
it être milady Alfied : son père est mou-
ant d'un coup d'épée qu'il reçut hier, et
étenu sous les liens d'un décret de prise
e corps ». L'on a parlé de ce cruel propos ,
t , parvenue dans l'appartement , tous les
egards se sont portés sur moi : la du-
hesse , avec l'air de l'indignation , nous a
emandé , à mylord et à moi , des nou-
elles de mon père , qu'elle connaît , dit-
le , beaucoup. Nous sommes restés in-
erdits. — « Il est en danger , a-t-elle ajouté ,
'un ton sévère , d'un coup d'épée qu'il a
eçu hier ». — Ma langue était glacée , je
e pouvais répondre ; et cette femme , dont
enviais la protection , a semblé nous re-
ousser. Le cœur me manquait. J'ai senti
a nécessité de sortir. « Milady , m'a dit mi-
dy Alfied , en m'arrêtant, dites à mylord
e Gange que son ancienne amie vous a
rocuré la scène dont vous êtes si troublée ».
e l'étais, en effet , au point d'être prête à
'évanouir. Mylord , furieux , m'accable
e sa colère ; il veut quitter Londres peu-

dant quelques mois , et m'a ordonné d'êt
prête à partir dans deux jours ».

Je sentais que ma sœur avait mérité ur
partie de ses chagrins ; mais je sentais aus
que l'excès d'humiliation à laquelle el
avait été livrée , était affreux : c'était
première vengeance dont le sort punissa
son insensibilité. Mylord refusa de me voi
je ne voulus pas l'y forcer dans un momer
d'irritation : je consolai ma sœur autant qu
je le pus ; je la suppliai de ne point laiss
partir son époux , sans s'être occupé des a
faires de mon père : « Observez , lui dis-je
que c'est l'unique moyen de détruire l'acc
sation qui vous a , hier , si cruellemer
affligée ». Je la quittai , lui promettant d
revenir la voir , si mylord s'opposait à c
qu'elle vînt chez mon père. Un de mes po
teurs ne se trouva point avec ma chaise
il faisait un temps superbe ; je n'avais qu'ur
très-courte distance pour me rendre , d
l'hôtel de mylord Langlade , à celui de mo
père. Je pris le bras de Williams , et j
me fis suivre par un des gens de ma sœur
J'avais fait au plus cent pas , lorsque j'er

tendis , derrière moi , des cris ; je retournai la tête , et j'aperçus un cheval échappé et furieux , très-près de moi ; je me jetai précipitamment dans la cour d'un hôtel vis-à-vis duquel je me trouvais : le pied me tourna ; je tombai , en éprouvant une douleur excessive. Un jeune homme , qui était prêt à sortir , me releva ; le cœur me manquait ; je ne pouvais appuyer le pied : il me soutenait. Je levai mes yeux sur lui. Quelle figure noble , belle , attendrie ! Son saisissement était plus fort que le mien ; j'en fus émue. Ma chaise passa dans ce moment ; j'y entrai , en ayant à peine la force de le remercier de son intérêt et son empressement. Le chirurgien visita mon pied ; c'était une entorse , qu'une application de ciguë guérit à l'instant.

Pendant mon absence , un inconnu était venu demander à parler à mon père. Paggy lui avait dit l'état dans lequel il était , et l'avait prié de revenir à midi : c'était le premier commis d'un riche banquier. Il me présenta deux billets considérables , signés de mon père , qu'il fallait accepter

à l'instant, et payer dans 15 jours. — « Je
n'entends rien aux affaires, lui dis-je; que
faut-il faire? » — « Trouver quelqu'un, miss,
qui signe et réponde pour mylord ». Mon
silence et ma rougeur décélèrent mon embarras ». — « Miss, me dit-il, avec un air de
bonté, je vais rendre compte à M. Stolfe,
auquel appartiennent ces billets, de la situation de mylord votre père : depuis vingt
ans que je demeure chez lui, je ne l'ai
pas encore vu affliger les honnêtes gens, et
sûrement il ne commencera pas par vous ».
Il sortit, et me laissa très-inquiète de ce
nouvel embarras, que je cachai à mon
père. J'attendais M. Stolfe en tremblant,
malgré ce que m'en avait dit son commis.
Il vint dans la soirée; c'était un homme
de plus de cinquante ans, dont la figure
ouverte annonçait la bonté. — « J'ai l'honneur de parler à miss de Gange, me dit-
il, en m'approchant; car, voilà la taille,
l'air et la figure de son adorable mère ».
— « Vous l'avez connue, monsieur? » — « Et
vous aussi, miss; mais vous étiez trop enfant pour vous en souvenir. Je possède une

terre dans le comté d'Oxford, près de celle qu'habitaient alors vos parens ». Cette faible connaissance me rendit M. Stolfe très-précieux ; l'être isolé et malheureux s'attache avec empressement à tous ceux qui daignent lui sourire ; un mot, un regard sont des faveurs précieuses. — « Oserais-vous demander, miss, me dit M. Stolfe, avec l'air de la bonté la plus obligeante, si la fortune de mylord, votre père, n'est pas un peu dérangée » ? Mes larmes et mon silence furent ma réponse. — « Je m'en suis douté, par l'espèce d'homme qui m'a remis ces billets » ... — « Hélas ! lui dis-je, c'est le moindre de mes maux, tout affreux qu'il est. Mon père fut blessé, il y a deux jours, par des assassins ; sa blessure est profonde, et son désespoir augmente continuellement son péril. Ses terres, son hôtel, ses meubles ne lui appartiennent plus, et, pour une dette considérable, l'on a obtenu une sentence contre lui ». — « Si jeune, dit-il, et déjà de si grands chagrins ! Milady Langlade, votre sœur, est très-riche ; je connais la fortune de son époux......

(Je baissai les yeux). Est-ce qu'il ne s'occupe pas d'arranger les affaires de mylord de Gange? » — « Elle ne le peut sans doute ; car... » — « Je vous entends, miss : mais, quels parens , quels amis avez - vous ? » — « Aucuns, dis-je , avec le cri de la douleur ; je sens toutes les horreurs de l'abandon : un étranger , qui sauva la vie à mon père, et le conduisit ici , il y a deux jours , est le seul être que j'aie vu dans cet hôtel , depuis un mois que la mort d'une tante qui , jusqu'à ce moment , avait pris soin de mon éducation , m'a forcée de venir habiter Londres ; c'est ce même étranger qui, hier , fit les démarches nécessaires auprès du juge-de-paix , pour retarder le moment où l'on doit enlever nos meubles». — « Enlever vos meubles! » — « Hélas! oui ; leur enlèvement et l'exécution d'une sentence qui privera mon père de sa liberté ne sont suspendus que jusqu'à sa convalescence.» — «Miss, il serait essentiel , pour votre tranquillité et celle de mylord, que j'eusse incessamment une conférence avec lui sur ses affaires : préparez-le à me voir demain , je reviendrai. »

— « Et vos billets, monsieur ? Il faut qu'ils soient acceptés aujourd'hui... » Je me couvris la figure de mes mains. Qu'il est affreux d'être humilié par l'impossibilité d'acquitter la dette de son père ! L'avide huissier ne me l'avait pas fait éprouver aussi vivement que l'honnêteté de M. Stolfe. — « Soyez sans inquiétude sur cet article, miss, je viendrai demain prendre connaissance des affaires de mylord : quand je n'y serais pas porté par le désir de vous obliger et de diminuer vos chagrins, je le ferais pour la mémoire de votre adorable mère». — « De quel bonheur eût-elle donc environné mes jours, m'écriai-je, pénétrée de la bonté de cet homme généreux, si le seul souvenir de ses vertus excite tant de sensibilité » ! Après son départ, je demandai à Williams quelques détails sur la maison de mon père. Heureusement tous ses gens avaient été payés de leurs gages, il n'y avait que huit jours ; il nous parut très-pressant de les renvoyer tous. Il ne restait pas cinquante guinées à Williams, chargé de la dépense ; j'en avais à-peu-près

autant , et je ne prévoyais pas quelle res-
source il nous restait. Tous les domestiques ,
excepté Williams , un vieux portier et
Paggy , acceptèrent , avec joie , leur congé.
Les jeunes valets d'un maître ruiné le ser-
vent mal , et le quittent avec plaisir.

Pendant la soirée , je demandai à mon
père quelques éclaircissemens sur ses affaires. « — Hélas ! me dit-il , c'est un dédale auquel je ne peux penser sans frémir ».
— « Deux billets que vous avez faits, lui dis-je,
sont heureusement tombés dans les mains
d'un homme si honnête , que j'ai cru pouvoir, sans imprudence, lui confier votre
embarras : on le nomme M. Stolfe ; il désire vous voir ». — « Je le connais , c'est un
homme très - estimé ». Nous convînmes
qu'il le recevrait le lendemain.

Darmance entra dans ce moment. — «Pardon, miss, me dit-il , de l'espèce de liberté
avec laquelle je me présente chez vous ;
vos chagrins , dont l'idée me suit sans cesse,
ne me laissent pas la force de m'éloigner
de votre hôtel ; je crains qu'il ne vous en
survienne de nouveaux ». — « Croyez, lui

dis - je , que le libérateur de mon père ,
que l'homme généreux qui ma protégée,
consolée , défendue, aura à jamais, près de
moi, les titres et les droits d'un bienfai-
teur et d'un ami ». — « Ah ! miss , le don
entier de ma vie serait trop peu pour un
titre aussi cher ! Moi, votre ami !.. Oh !
oui , je le suis ; je le serai jusques à la
mort ». Je vis des larmes dans ses yeux ; ils
rencontrèrent les miens ; jamais encore un
regard aussi doux ne les avait fixés ; j'avais
peine à le finir, ce regard de l'amitié con-
solante ; un nuage de larmes détruisit sa
douceur. Nous gardâmes un assez long
silence.

— « J'ai appris, me dit-il, que le lord
Delby est un homme puissamment riche ,
très - avancé dans les grades militaires ,
sans vices, sans vertus , sans amis , sans
ennemis, gros joueur , hardi parieur , aimant le plaisir , et près duquel il sera
très - difficile d'employer quelqu'un avec
succès , parce qu'il déteste les affaires , et
ne s'en occupe jamais. Il est logé très-près
d'ici avec milady Alfied sa sœur , dans un

très-bel hôtel. L'on assure que cette femme hautaine a sur lui beaucoup d'empire ».

Je racontai à Darmance la visite de M. Stolfe, et les services que j'en espérais. — « Qu'il est heureux, dit - il avec l'expression d'une forte jalousie ; sa fortune est immense , ses connaissances très-étendues , sa réputation admirable : il pourra rendre de grands services à my-lord ; Et moi !.. » — « Darmance , lui dis-je , pouvez - vous oublier que le premier de tous , est de lui avoir sauvé la vie ».

Nous passâmes le reste de la soirée assez paisiblement au bord du lit de mon père , qui était beaucoup moins foible. Darmance rendit la conversation intéressante , et me fit découvrir en lui une excellente éducation , et beaucoup d'instruction. Je soupçonnai qu'il cachait son véritable nom; qu'il avait des chagrins , peu de fortune , et des parens sans doute peu dignes de son affection ; car il ne m'en avait point encore parlé: et ce n'était surement pas par ton ; car il était modeste et naturel. (Que je

la

la hais cette froide convention qui fait garder le silence sur ceux qui nous sont les plus chers! Qu'il est doux de parler des qualités qui nous les font aimer, de rappeler *les événemens qui flattent notre souvenir et intéressent notre cœur*)! Que m'importe, me disais-je, la singularité qui m'a fait connaître Darmance, et quel nom, quelle famille il a dans le monde ; ma reconnaissance, mon amitié sont des dettes sacrées que le sort m'a fait contracter envers lui. Je m'endormis en pensant à Darmance : à mon réveil, il eut encore ma première pensée : c'est la pensée du cœur; elle appartient à celui qui le rend le plus heureux ou le plus à plaindre : le mien, alors, n'avait pas encore un objet plus cher auquel il dût l'offrir.

Dans la matinée, je devais aller chez ma sœur ; l'on me remit le billet suivant de sa part :

« Je serai déjà loin, chère Séraphie, lorsqu'on vous remettra mon billet : mylord, à chaque instant, plus irrité de la conduite de mon père, a exigé mon

départ. Le lord Delby est venu se décla-
rer possesseur de sa fortune, en nous pro-
posant quelques arrangemens pour le ra-
chat de son hôtel. J'ignore les détails de
leur entretien : tout ce que je puis croire
c'est qu'ils se sont quittés très - peu satis-
faits l'un de l'autre. Mon mari a remis
une procuration à son homme d'affaires
en le chargeant de faire valoir nos droits.
L'humiliation que nous avons éprouvée
chez la duchesse, ne nous laisse pas le
courage de rester à Londres dans ce moment. Je regretterais davantage de m'é-
loigner sans vous embrasser, si mes propres chagrins me laissaient la force de vous
offrir quelques consolations ».

C. de G. L.

P. S. « C'est en France que nous allons ».

Je lus ce billet cruel plusieurs fois, sans
en croire mes yeux. J'étais préparée, par
la première indifférence de ma sœur,
beaucoup d'autres; mais laisser mon père
en danger, et partir sans l'embrasser ! J'

vais peine à concevoir cet excès d'indifférence ; je répandais des larmes : l'indignation et la douleur les rendaient fort amères.
Je sentis la nécessité de conserver ce qui
me restait de forces ; et , plus isolée que jamais , je tâchai de me dissimuler à moi-
même l'horreur de ma situation , et de cacher à mon père le départ précipité de ma
sœur.

Dans l'après - midi , Williams vint
m'avertir que le lord Delby demandait à
voir l'hôtel. « Conduisez-le par-tout , lui
dis-je , excepté dans l'appartement de mon
père , et songez à ne rien dire qui puisse
lui déplaire : priez-le de ne point faire entrer son carrosse dans la cour de l'hôtel ,
à cause de l'état de mon père ». Je retournai
près de lui , et Williams , en pleurant et
et levant les mains vers le ciel , fut exécuter mes ordres. A travers les croisées ,
j'aperçus une femme , à laquelle le lord
donnait la main. A son regard , à la fois
altier et cruel , je reconnus milady Alfied.
Voilà donc , me dis-je , avec une irritation
bien pénible , celle qui m'a privée de la

mère la plus tendre ; celle qui , non-con-
tente d'avoir marqué tous les jours de mon
père par le remords et la douleur, le prive
de la liberté, le réduit à la misère, le fait
assassiner , et vient insulter à ses maux !
Je m'assis loin de son lit, pour qu'il n'aper-
çût pas mon agitation. Williams, peu d'instans après , me remit le billet suivant:

« J'ignorais , miss , que mylord de
Gange eût eu d'autre enfant que milady
Langlade ; comme elle n'est plus à Londres , et que j'aurais à vous communiquer
des choses essentielles sur vos affaires, j'ose
vous demander la faveur d'un moment d'entretien dans votre appartement, où j'attends , avec ma sœur, votre réponse, ou
l'honneur de votre présence. »

L'honnêteté de ce billet ne me laissa pas
la liberté d'un refus ; je sentais d'ailleurs
la nécessité de ménager un homme auquel
le sort avait donné de si grands droits sur
notre destinée ; je me rassurai autant que
je le pus faire. « Mylord, lui dis-je , après
l'avoir timidement salué , ainsi que milady , est-ce à vous que je dois le bienfait

d'avoir fait suspendre la sentence qui privera mon père de sa liberté ? (Il s'inclina
avec la rougeur de la honte). Recevez, mylord, ma profonde et vive reconnaissance».
Je m'assis vis-à-vis milady, dont la figure
était impatiente et étonnée. — « Oui,
miss, dit-elle, c'est aux égards de mylord,
et surtout à mes instances ». — « Je connais, milady, repris-je, en l'interrompant,
de quelles bontés vous honorez ma famille ». Elle mordit ses lèvres, et me jeta
un regard furieux, que je soutins sans
baisser les yeux, ni changer d'attitude.
— « Miss, dit mylord, j'ai vainement voulu
prendre quelques arrangemens avec mylord
Langlade, avant son départ. Je suis loin
cependant de vouloir traiter à la rigueur
avec les enfans de mylord de Gange ; je
vous prie de le croire, miss, quoique les
contrats et les billets que j'ai de lui, me
mettent en possession d'une grande partie
de ses biens ». — « Oui, miss, dit milady,
d'une partie très-considérable ». — « Mi-
ady, vous pouvez dire de tout, même de sa
liberté. Milord, ajoutai-je, ma délicatesse

égalera la vôtre : lorsque l'état de mon père lui permettra de sortir de son hôtel, il ne sera pas détourné la moindre portion des meubles qui vous appartiennent. Mes instrumens, ma musique, pour charmer, s'il est possible, les ennuis de mon père ; le portrait de ma mère, pour puiser sur sa figure angélique, la patience et la douceur ; quelques livres, mes dessins et nos habits ; voilà, mylord, tout ce qui sortira d'ici ». Son silence m'étonnait ; je levai les yeux sur lui ; je le vis essuyer une larme. — « Quoi ! dit milady, plus agitée encore par l'inquiétude que par l'étonnement que lui donnait l'attendrissement passager de son frère, il ne vous reste rien ? » — « Pardonnez, milady, le courage et la paix d'un cœur pur, dont la haine et les remords n'approcheront jamais ». — « Miss, dit mylord, croyez que j'adoucirai, autant qu'il sera possible, les maux dans lesquels s'est plongé mylord votre père ». — « Je sais, mylord, que de faux amis et un jeu excessif ont commencé sa ruine, il y a huit à neuf ans, et ont réussi à le plonger enfin , dans l'abîme le plus effrayant : je partagerai sa misère ; je le distrairai ; je le consolerai , s'il est possible , dans sa prison ». — « Oh ! miss, s'écriat-il, en avançant vers moi avec précipitation , ne prononcez pas, je vous en conjure, ce mot affreux ! Vous , miss, dans une prison ! » — « Mylord , elle ne m'effraie point ; j'y serai avec mon père : vivre et mourir avec lui, voilà mon devoir et mon sort ». — « Votre sort ! Non , miss, non ; le ciel ne vous a pas donné la douceur et la beauté des anges, pour en éprouver un semblable. » — « Mylord, dit milady , en se levant avec une colère mal dissimulée, parlez donc à miss de Gange de la nécessité où nous sommes d'occuper incessamment cet hôtel ». — « Mylord, reprisje, aussitôt que mon père sera en état d'être transporté , croyez qu'il ne se passera pas un jour sans que vous en soyez instruit ». Ils s'avancèrent vers la porte. — « Ah ! dit milady , en regardant une sonate qui était près de ma harpe , vous êtes donc forte , miss ? » — « On le trouve , milady ». — « Je suis désolée, ajouta-t-elle, que les circonstances ne me permettent pas de vous prier »… — « Ah ! milady, m'écriai-je, en laissant échapper des larmes, pouvez-vous insulter ainsi à mes malheurs, et, si près de mylord de Gange, oublier qu'il est tombé presque mort sous le fer dont ses cruels ennemis avaient armé les bras de vils assassins ? » — « Ma sœur… ! prononça le lord, en lui jetant un coup d'œil sévère. Pardon, miss, pardon, mille fois ; mais, ces larmes, je veux qu'elles soient les dernières que nous vous fassions répandre ; je vous supplie de permettre que je revienne dans un autre moment. »— « Mylord, je ne puis quitter mon père ; et une fille de mon âge n'entend rien aux affaires : permettez que M. Stolfe, auquel notre malheureuse situation a inspiré quelque pitié, prenne de vous les éclaircissemens qui seront nécessaires. » Il s'inclina profondément, et sortit.

Lorsque je rentrai chez mon père, il s'aperçut de mon agitation : « Qui est-ce, ma chère Séraphie ? » me dit-il. — « Une visite du lord Delby ; qu'elle ne vous alarme point : je l'ai trouvé moins redoutable que je ne le

pensais. Tout s'arrangera , mon père ».
— « Impossible , reprit - il ; impossible.
Ah ! pourquoi survis - je à tant de honte et
et de remords ? … Mais , où est ta sœur ?
par égard pour elle - même , elle devrait ne
pas abandonner son père , quelque coupable qu'il soit ». Il s'aperçut de mon embarras , et je fus forcée de lui dire qu'elle
était partie pour Paris , avec son mari.
— « Sans nous revoir ! elle est partie ! quelle
barbarie ! te laisser ainsi !….. »

Trois jours se passèrent sans revoir
M. Stolfe : j'aurais eu quelques craintes,
si la bonté avec laquelle il m'avait parlé
ne m'eût rassurée. Il est une vérité d'expression qui part du cœur, et va droit au
cœur qu'elle console : le mien avait pré-
vu l'espèce d'engagement qu'avait pris
M. Stolfe de soulager mes peines. Il me
fit enfin demander. — « Miss , me dit-il,
je viens de quitter le lord Delby ; l'on
m'en avait fait un portrait peu fidèle : il
n'a point l'intention de profiter de la dé-
tresse où se trouve mylord de Gange ;
dont il convient que la terre d'Oxford et

l'hôtel ont été vendus à vil prix. C'est l'homme d'affaires de milady qui a obtenu la sentence de prise de corps ; mais le lord ne veut pas qu'elle soit mise à exécution ». — « Ah ! monsieur, dis-je à ce généreux ami , si milady a quelqu'influence dans cette affaire , nous sommes perdus ». — « Non, me répondit-il , j'ai le consentement et la parole d'honneur de mylord , pour que tout soit suspendu pendant un voyage qu'il va faire en Écosse. Son absence sera d'un mois ; je serai moi-même absent à-peu-près le même temps, et j'espère qu'à notre retour , les affaires s'arrangeront plus aisément que nous ne l'avions espéré ».

. Je lui racontai en détail la visite du lord et de sa sœur. — « Je vois dans tout cela me dit-il , les effets de votre douceur et de votre beauté ; elles ont séduit le lord et déplu à milady ».

— « Mon père, lui dis-je, est en état de vous recevoir ; il attend ce moment avec impatience : il acceptera les billets que vous avez de lui : la faculté de les acqui-

ter, du pain et la tranquillité, voilà toute mon ambition ; je verrai nos ennemis s'emparer de tout le reste, avec résignation ».
— « Vous êtes trop modeste, miss ; du pain et du repos, ce ne sera point là *votre sort*; car quel est l'homme digne de vous apprécier qui ne se trouverait pas heureux de mettre la fortune la plus belle à vos pieds »? Ce discours m'embarrassa d'abord ; mais en regardant M. Stolfe, je vis la candeur et l'honnêteté sur son front.

Nous passâmes chez mon père ; leur connaissance se renouvela avec beaucoup d'affection. M. Stolfe, après avoir entendu le détail de ses malheureuses affaires, nous pria de ne pas désespérer de leur arrangement, dont il nous promit de s'occuper essentiellement, lorsque le lord et lui seraient revenus des voyages qu'ils allaient faire. Il allait nous quitter, lorsque Darmance nous fit demander la permission de nous voir : je les présentai l'un à l'autre ; l'un, comme le libérateur de mon père ; l'autre, comme son unique protecteur. M. Stolfe regarda Darmance avec une attention extraordinaire; je le vis rougir et pâlir successivement; il l'écouta avec un plaisir mêlé de trouble, et de je ne sais quel sentiment, dans lequel il paraissait entrer à la fois autant de *tristesse que de satisfaction*. Mon père était beaucoup mieux; la conversation était animée; l'esprit, dégagé de sa plus forte inquiétude, après plusieurs jours d'accablement, reprend une partie de sa vigueur, et s'exerce sans effort. L'intelligente Paggy apporta le thé, du fruit, des confitures. Mon père était très-bien; mon cœur n'était plus serré par l'idée de sa prochaine détention. Darmance avait sur la physionomie une joie si vive; M. Stolfe, une bonté si pure, si aimable, que l'on n'eut jamais pu croire que notre petite société était composée de deux infortunés, et de deux consolateurs.

Lorsque l'on eut enlevé le thé, je fus fort surprise de voir Williams apporter mon piano-forté et ma harpe. Je voulais les renvoyer; mais mon père et ses amis me pressèrent avec tant d'instance, que j'exécutai et chantai quelques morceaux.

Je

Je jugeai Darmance bon musicien ; il l'a-
voua , et toucha une ouverture d'opéra ,
belle et difficile, avec une grande facilité.
Il m'accompagna ; je l'accompagnai à mon
tour. Sa voix, un peu sévère, était cependant belle. M. Stolfe, qui aimait beaucoup
la musique , était enchanté. Enfin , la
soirée se passa avec une telle rapidité,
qu'il était onze heures lorsque nos amis
se retirèrent. Mon père s'endormit profondément , et je passai pour la première
fois , depuis dix jours , une nuit paisible.

Il était huit heures lorsque je m'éveillai.
Paggy me donna un billet que lui avait
remis , pour moi, un postillon du lord
Delby. Voilà ce qu'il contenait :

« Il est, miss, un sentiment d'admiration
trop au - dessus de l'expression pour être
rendu ; tel est celui dont j'ai été pénétré
en contemplant vos charmes, en admirant
vos vertus et votre courage. Et c'est moi,
miss, qui ait fait couler vos larmes ! par
mes droits sur la fortune et la liberté de
mylord de Gange. Je les abjure, je déteste
les cruelles insinuations qui ont causé vos

Ire *Partie.*   F

chagrins ; reprenez , miss , la tranquillité que jamais vous n'auriez dû perdre. A mon retour d'Ecosse, où mes affaires me retiendront un mois, je porterai à vos pieds *mes droits sur votre fortune et mon adoration profonde,* »

Cette lettre, cette adoration profonde , me déplurent également. Les hommes ont, dit-on , si rarement une vertu absolument désintéressée , et leur langage est si facilement à l'ordre de leurs passions , que les promesses du lord m'effrayèrent. Ce n'est pas là , me disais-je, la simplicité du digne M. Stolfe. Je lui montrai le soir , lorsqu'il vint nous faire ses adieux , la lettre du lord ; elle lui déplut comme à moi.

Il me fit plusieurs questions sur Darmance , que je ne pus satisfaire, ne le connaissant que par le service important qu'il nous avait rendu. — « J'ai hasardé, me dit-il , de lui adresser quelques mots en sortant hier au soir ; mais il fut très-réservé. Il ne connaît ici que le banquier qui reçoit son argent d'un autre banquier de Paris; sa parfaite ressemblance avec une personne qui m'a été très-chère, a excité ma vive curiosité. » M. Stolfe nous offrit tout ce qui pouvait nous être nécessaire jusqu'à son retour ; je lui souhaitai le plus heureux des voyages. Il baisa ma main avec la tendresse d'un père, et nous promit de nous voir aussitôt son retour.

Quelques jours s'écoulèrent dans une tranquillité très - essentielle au rétablissement de mon père. Darmance était l'unique personne qui nous visitât ; son amabilité, jointe à ses talens, nous le rendait nécessaire. Un jour, je le trouvai triste ; je lui en demandai la raison. — « Miss, me dit-il, avec une forte émotion, je dois partir incessamment. » Cet événement, auquel je n'avais pas songé, me causa une peine réelle. Voir Darmance s'éloigner, cela m'affligeait beaucoup : j'avais pour lui un attachement si juste et si profond, que si, dans la suite, je n'en avais pas éprouvé un plus cher et plus tendre, j'aurais pu prendre ma reconnaissante amitié pour de l'amour.

Nous étions seuls ; mon père, qui commençait à recouvrer quelques forces, était avec un homme de loi, à mettre en ordre quelques papiers essentiels. Darmance tomba à mes pieds; je sentis la main que je lui avais tendue pour le relever, couverte de larmes. « Miss, me dit-il, le premier instant heureux de ma vie fut celui où je vous ai vue; le plus cruel sera celui où je dois vous quitter. Mon respect et mon devoir m'ordonnent de m'éloigner : mais jamais un cœur plus aimant ne pourra vous offrir des sentimens plus purs et plus durables. Au bout de l'univers, et jusqu'à mon dernier soupir, votre souvenir sera le charme et le supplice de ma vie. Je dois à votre amitié l'aveu de tout ce qui m'intéresse. Daignez lire cet écrit, et m'accorder quelques vœux bienfaisans. » Il sortit pénétré, et me laissa autant surprise que j'étais touchée.

HISTOIRE DE DARMANCE.

OLINDE Suder, née d'une famille ir-
landaise, perdit presque en naissant son
père et sa mère ; un frère, beaucoup plus
âgée qu'elle, s'en chargea. Il vendit leur
patrimoine et vint s'établir à Londres, où
il s'occupait à faire valoir son argent. Il
était l'unique parent que connût Olinde,
dont la famille avait été dispersée pendant
les guerres de religion. Suder méfiant,
dur et jaloux, veillait avec un soin scrupuleux à l'éducation de sa sœur ; une vieille
gouvernante ou lui ne la quittaient jamais.
Il était son maître de langue, de religion,
d'histoire. A l'église ou à la promenade,
il l'accompagnait toujours : on le prenait
pour son père ; et, plus il entendait louer
la beauté d'Olinde, plus il prenait de soin
de la cacher.

» L'extrême solitude dans laquelle elle vivait, n'avait rien d'affligeant pour elle ; elle ne connaissait point d'autre manière d'exister ; et Suder lui faisait un tableau tellement effrayant des vices de la société, qu'elle se croyait heureuse d'en vivre éloignée. Vive, spirituelle, et jamais distraite par les amusemens de son âge, elle apprit avec une extrême facilité tout ce que son frère lui enseigna. L'étude fut à la fois son occupation et ses plaisirs.

» Elle avait seize ans, lorsque l'excessive tendresse que son frère avait pour elle, commença à l'inquiéter. Ses caresses la firent rougir ; l'expression en devint trop vive pour qu'elle pût se dissimuler qu'elles n'étaient pas celles de l'amitié. Elle réfléchit alors à l'autorité que son frère avait sur son sort, et vit avec effroi la distance qu'il avait mise entr'elle, lui, et toute la société. Elle questionna sa vieille gouvernante, et n'en tira que d'affligeantes lumières. —« Une famille éteinte, une fortune bornée, mais un frère qui vous adore. Vous devez le chérir, Miss , et tout faire pour le lui prouver ». — Olinde jugea que sa gouvernante était absolument dévouée à son frère ; et l'idée de l'abandon et du péril en fut plus effrayante.

» *Suder devint chaque jour plus pressant,* et ne cacha plus à sa sœur sa coupable passion ; elle le repoussa avec l'énergie que donne l'amour de la vertu et l'horreur du crime. Suder supportait ses plaintes et ses refus avec patience, espérant tout du temps et du moment.

» Olinde crut devoir examiner de quels voisins elle était entourée. La maison dont elle et son frère occupaient le second étage, était située dans un quartier éloigné du centre de la ville. Le premier étage était loué par un gentilhomme qui passait une grande partie de l'année dans ses terres. Quelquefois elle le rencontrait, en sortant avec son frère ; elle rencontrait aussi son fils ; l'un et l'autre prévinrent Suder par des politesses, auxquelles il ne répondit qu'avec une excessive froideur. Le jeune homme cependant, saisissait l'occasion de se trouver sur le passage d'Olinde ; il la suivait à la promenade, au temple; elle l'avait remarqué. Leur âge, leur tristesse, leurs regards, l'amour et la nature, ces maîtres éloquens, leur avaient dit qu'ils s'aimaient *et qu'ils étaient malheureux.*

» Suder, éclairé par la jalousie, renfermait sa sœur avec soin, et la persécutait davantage. Un soir que la vieille et le domestique étaient sortis, il entra dans son appartement d'un air si déterminé, ses entreprises furent si vives.... si effrayantes, qu'Olinde poussa des cris qui furent entendus du jeune Octave, dont la chambre était sous la sienne. Ces cris pénétrèrent jusqu'à son cœur. Il vola chez Suder qui ouvrit tranquillement, et qui lui dit que sa sœur avait été effrayée par le feu qu'elle avait mis à son chapeau en lisant trop près de la lumière. Il le reçut dans sa chambre et affecta un air si calme, que tout autre qu'un homme amoureux aurait pu être trompé. Mais vivement alarmé, il parla à Philip, le domestique de Suder, qui lui avoua qu'il croyait que son maître aimait sa sœur avec une passion dont elle paraissait justement alarmée ; qu'elle s'enfermait chaque soir avec soin, et qu'elle l'avait supplié de ne pas s'éloigner lorsque la vieille serait sortie. Octave l'engagea à veiller à la sureté de sa jeune maîtresse, à laquelle il le supplia de remettre un billet. Il paya généreusement Philip.

« Miss, écrivait Octave à Olinde ; mon cœur, pénétré de respect et d'amour, a deviné l'étendue de vos peines. Vos cris, parvenus jusqu'à moi, m'ont fait connaître le péril qui vous environne. Daignez prescrire à mon zèle et à ma discrétion ce que je dois faire pour vous servir ou vous sauver ».

Olinde répondit :

« Si l'homme généreux qui m'offre son appui, a le bonheur d'avoir une mère, qu'il me le dise ; je l'instruirai de la situation cruelle d'une infortunée qui ne connaît personne au monde que l'auteur de ses tourmens. Mais quelle estime pourrait-il avoir pour une jeune fille qui prendrait pour protecteur un homme jeune et inconnu » ?

Réponse :

« Je n'ai point de mère, miss, mais un

père prudent et digne de votre confiance, qui vous servira et vous protégera, si vous daignez lui confier vos peines ; il est actuellement dans le comté d'Oxford : je l'attends dans quelques jours : je ne m'éloignerai pas : je veillerai à votre sureté, qui m'est devenue plus essentielle que la mienne ».

Réponse :

« J'accepte vos offres; au retour de votre père, je réclamerai ses conseils et son secours ».

» Peu de jours après cette correspondance, pendant que Suder était à la bourse, très-éloigné de son logement, Octave rencontra Philip dans l'escalier, il voulait l'arrêter; mais celui-ci lui dit qu'il était très-pressé d'aller chercher chez l'apothicaire une potion pour la gouvernante qui était dans son lit fort souffrante. Octave pensa que ce moment était peut-être le seul favorable au désir extrême qu'il avait d'entretenir Olinde. Elle fut très-effrayée en le voyant paraître. Ses sermens, son respect et les consolations si douces dans le malheur et l'abandon, calmèrent ses alarmes : elle lui confia tout le péril de sa situation ; ils convinrent qu'ils en instruiraient le père d'Octave ; qu'elle se mettrait, aussitôt son retour, sous sa protection et *celle des lois.*

» Octave allait se retirer, quand Suder se fit entendre. Olinde le cacha dans son alcove, et courut au lit de la gouvernante : elle exagéra son mal, pour cacher le trouble où elle était. Suder dit qu'il revenait chercher un porte-feuille qu'il avait oublié ; mais que, pour la rassurer, il ne sortirait point. Que l'on juge des alarmes d'Olinde ! la chambre de Suder, ouverte sur l'antichambre, rendait la fuite d'Octave impossible. Elle sollicita vainement une promenade ; le temps, qui était couvert de brouillards, et la maladie de la bonne servirent de prétexte au refus de Suder qui, suivant son usage, ferma le soir la porte d'entrée, et laissa sa chambre ouverte.

» Olinde, presque morte de terreur, s'enferma dans la sienne. S'il est un être assez sévère pour exiger qu'à seize ans, la raison et l'inexpérience soient plus fortes que l'amour, la vertu plus impérieuse que la nature, la volonté plus puissante que l'occasion, et la crainte plus persuasive que les larmes et les instances d'un amant, *qu'il ne lise pas la suite de ce récit.* Mais, s'il connaît l'éloquence de l'amour et la force impérieuse de la nature, qu'il voie Octave, en entrant chez Olinde, pénétré du respect inséparable d'un amour aussi vrai qu'il est profond : qu'il voie dans Olinde une amante craintive, qui prend encore sa tendresse pour la reconnaissance : qu'il la couvre du voile de la tolérance : qu'il pleure avec elle au retour de la lumière, la nuit fatale et délicieuse, où cette timide vestale laissa, malgré elle, échapper de ses mains le feu sacré....

» Il était déjà jour lorsque Suder frappa à la porte d'Olinde ; ouvrez, dit-il, venez au secours de votre bonne. Olinde, tremblante, cacha son amant et ouvrit. Mais, que devint-elle en voyant Suder furieux, le chercher avec précipitation, et le frapper de plusieurs coups de poignard ! Elle tomba sans sentiment. Suder rassembla ses effets

les

les plus précieux dans deux ou trois malles qu'il fit à l'instant partir. Il ranima sa malheureuse sœur. «Suivez-moi, lui dit-il, ou je plonge ce poignard dans votre sein ; votre amant est mort ; la fuite ou l'écha-faud, voilà mon partage ». Olinde mourante fut forcée de sortir avec lui, avant le retour de Philip, qui était allé faire porter les malles sur une diligence qui partait à l'instant. Suder et elle arrivèrent à Douvres, où ils s'embarquèrent sur un paquebot qui allait en France.

» A leur arrivée au Hâvre, Olinde éprouva une longue et périlleuse maladie. Ce fut pendant sa convalescence qu'elle ressentit les premières émotions de la maternité. Sa situation était affreuse. Octave assassiné, pour avoir voulu la secourir, lui annonçait quel serait le sort de l'être infortuné qu'elle portait dans son sein. Etrangère et sans moyens de subsister indépendante de son frère, elle ne voyait que dans sa mort l'unique remède à ses tourmens.

» Ce fut celle de Suder qui la délivra d'une partie de ceux qu'elle éprouvait ; son

<table><tr><td>Ire. Partie.</td><td>G</td></tr></table>

crime, la haine d'Olinde et les fureurs de la jalousie allumèrent dans son sang, une maladie inflammatoire dont il mourut en peu de jours.

» Olinde changea de nom, et fut à Rouen, où elle fixa sa résidence. Le hasard lui fit faire connaissance avec la famille d'un négociant très-estimable et très-riche, à laquelle elle recommanda son enfant, prévoyant qu'elle ne survivrait pas à l'instant où elle lui donnerait le jour. Elle mourut, en effet, malgré les soins de ses nouveaux amis, qui, touchés de ses chagrins, et enchantés de son amabilité, avaient fait tous leurs efforts pour l'arracher au chagrin profond qui la consumait. Elle leur avait remis toute sa fortune, consistant en billets de caisse, dont la valeur totale se montait à 60 mille livres. Les informations qu'ils avaient fait prendre sur la famille d'Octave, dont elle ne savait pas même le nom de famille, avaient été infructueuses. Son père avait quitté Londres ; on ignorait quel canton du comté d'Oxford il habitait. Ils prirent le plus grand soin

de l'éducation et de la fortune du malheureux enfant que leur recommanda Olinde en
mourant ; l'unique preuve qu'elle pût leur
laisser , et qui ne pouvait en être une
que pour Octave lui-même , s'il avait sur-
vécu aux coups du furieux Suder, étaient
les trois billets qu'il lui avait écrits , et
un anneau d'émail , qu'il avait passé à son
doigt : elle avait caché et conservé l'un et
l'autre.

» Je suis , miss , ajoutait Darmance à
cette triste relation , cet enfant infortuné
dont la naissance , marquée par le malheur , m'a fait mille et mille fois sentir
celui de n'appartenir à personne. C'est
pour découvrir mes parens , que je par-
cours l'Angleterre. Je vais faire une nouvelle tentative en Irlande : puissé - je y
laisser l'humiliant dénument qui m'environne ! Il est affreux , miss, de n'avoir
ni famille , ni fortune, ni titres à offrir à
celle que l'on voudrait voir régner sur
l'univers entier , à celle qui, possédant tous
mes sentimens , tous mes vœux ....., me
fait sentir avec plus d'amertume l'intervalle

immense que le sort a placé entre elle et moi. »

La lecture de cet écrit me pénétra d'une sincère douleur ; je le relus plusieurs fois, avec un intérêt toujours plus profond : mon cœur était touché, mais il était calme ; je le scrutai scrupuleusement : j'y trouvai la tendresse pure de l'amitié ; mais une amitié si vive, que j'en craignis l'augmentation, pour Darmance surtout, dont les senti-mens étaient déjà trop impérieux.

Mon père, en recevant les adieux de Darmance, le pria de nous donner encore un jour ; il y consentit sans effort. Nous ne prévoyons pas quel serait son emploi ; nous l'avions destiné à témoigner à cet obligeant ami toute notre reconnaissance.

Nous étions tous les trois à dîner, quand nous vîmes paraître le fatal huissier, dont la figure effrayante m'était restée gravée dans le souvenir : il était porteur de l'ordre d'arrêter mon père et de le conduire dans la prison de.... «Quoi! m'écriai-je avec in-dignation . le lord Delby manque ainsi à sa parole ? » — « Miss, dit l'huissier, c'est aux

ordres de milady Alfied, que j'obéis ; tout
est à elle, excepté une des terres de mylord, qu'il a vendue au lord Delby».—«Quel
abus de l'absence de son frère, dit Darmance ! quelle horrible duplicité » ! Il exa-
mina l'ordre : il était en règle et positif ;
je le vis à sa tristesse. Mon père, dans
une sombre et farouche rêverie, marchait
à grands pas. Mon effroi, mon indignation,
les larmes de Paggy, la consternation de
Williams nous laissaient peu capables de
courage. Darmance seul, de sang froid,
dit à l'huissier que mylord n'étant pas en
état de quitter son appartement, allait
écrire une soumission de se rendre dans
la prison qui lui était désignée ; et que lui,
en attendant ce moment, irait y prendre sa
place ; qu'il allait s'y rendre à l'instant. Je
fus prête à tomber à ses pieds, pénétrée
d'une reconnaissance qui, dans ce moment, m'eût fait donner ma vie pour lui.
Mon père s'opposait fortement à ce généreux procédé : «Laissez-moi, lui disait-il,
aller subir la honte due à mes fautes.»
Avec quelle amertume il les sentait dans

ce moment ! — « Non, mylord, dit Darmance ; votre état, votre nom, votre faiblesse, tout s'y oppose : le lord, je le crois,
désapprouvera, à son retour, la cruelle
conduite de sa sœur ; j'attendrai son arri-
vée : laissez-moi, ajouta-t-il, en serrant
les mains de mon père, vous donner
cette faible preuve de mon respect ». Mylord le serra dans ses bras, et consentit
enfin à signer la promesse de reprendre
la place de son ami, aussitôt que ses forces
le lui permettraient. — « Que m'importe,
me dit Darmance, de vivre privé de liberté,
lorsque je dois l'être de votre présence !
mais, avant de vous quitter, je veux savoir si mylord ne sera pas forcé de sortir
de son hôtel, et s'il se trouvera près d'ici
un appartement meublé qui puisse vous
recevoir ». Effectivement, l'huissier signifia
à mon père, qu'il fallait, ce jour même,
céder son hôtel : il indiqua un logement.
Williams fut le visiter, et dit que nous
pourrions nous y rendre le soir. Alors Darmance embrassa tendrement mon père, qui
disait, en le couvrant de larmes : « C'est

trop de bienfaits ; la vie et la liberté ! comment pourrai-je jamais m'acquitter envers vous ? »

L'on fit, pendant le reste du soir, transporter *les choses qui nous étaient les plus* nécessaires, dans notre nouveau logement. Williams obtint de conserver dans l'hôtel un appartement, dans lequel il fit mettre toutes les choses qui nous appartenaient. « Si, dans quelques jours, dit mon père à son généreux ami, lord Delby n'est point de retour, toutes les sollicitations de la terre ne pourraient m'empêcher d'aller prendre la triste place que vous allez occuper pour moi. »

Nous montâmes dans la voiture qui nous attendait. Mon père, en quittant son hôtel, éprouva une douleur concentrée, mais profonde. Darmance me donna la main ; il me serra la mienne, et, par un sentiment inspiré par ma seule reconnaissance, je lui rendis ce mouvement de l'affection : « Miss, me dit-il, dans mes ennuis, dans mes chagrins, je me souviendrai de ce bienfait, et je ne serai point malheureux ! » Il nous quitta , accompagné d'un seul garde , sans armes.

En entrant dans l'appartement que l'on nous avait loué, mon père porta sur moi *un regard déchirant.* Qu'il est affreux de s'attribuer tous les maux que l'on fait éprouver à un enfant que l'on chérit, et ceux que l'on éprouve soi - même , sans pouvoir en accuser le sort ! C'est l'excès du malheur !

A peine étions-nous sortis de l'hôtel, que le valet de chambre , tapissier de milady Alfied, y entra. « Oh ! qu'elle doit être méchante, me dit Williams , si j'en dois juger par la dureté de ses gens. Il a refusé , ajouta-t-il , de me donner l'adresse de lord Delby , sous le prétexte qu'il revient incessamment. Mais, l'huissier , plus sensible, me l'a donnée en cachette. Malgré l'état de souffrance de mon maître, le vôtre , et mes larmes (car il nous regardait sortir) il n'est pas moins entré dans chaque appartement avec l'impatience et la rapacité d'un mauvais cœur ».

J'écrivis le soir même au lord :

« Malgré vos promesses , mylord , mon

père fut, hier, chassé de son hôtel ; il aurait été conduit dans la prison de......, si un ami n'y languissait à sa place. Nous lui rendrons la liberté qu'il a si généreusement perdue, aussitôt que les forces de mylord de Gange lui permettront d'habiter cette triste demeure.

» Je ne me plains point de votre sévérité, mylord. Mais pourquoi m'avoir flattée de la liberté de mon père? Pourquoi avoir donné à M. Stolfe l'assurance d'un arrangement prochain ? Pourquoi m'avoir écrit un billet que votre pitié semblait avoir dicté? Ah! mylord, vous ignorez sans doute combien l'espérance que l'on donne aux malheureux est douce, et combien sa perte est cruelle! »

Je ne pensais pas avoir de réponse avant le retour du lord ; mais, en supposant quelque prolongation à son voyage, je me flattais qu'il donnerait l'ordre de suspendre nos malheureuses affaires ; car nous étions persuadés que la rigueur avec laquelle elles étaient suivies, était un effet de la haine de milady.

Chaque matin, mon père voulait aller délivrer Darmance ; je n'obtenais qu'avec effort de différer encore quelques jours. Williams, dès que l'on pouvait entrer dans sa prison, y alloit de notre part ; il y avait porté ma harpe, de la musique, des livres, des crayons ; et si mon ame eût existé sous une forme sensible, Darmance l'aurait vue sans cesse autour de lui.

Nous n'avions aucunes nouvelles de milady Langlade depuis son départ. Mon père en parlait avec l'émotion du ressentiment. J'en étais inquiète ; car l'éloignement de ceux que l'on aime, et qui nous ont affligés, semble effacer peu-à-peu leurs torts ; on les met sur le compte de tout ce qui peut les excuser, et quelquefois l'on est tenté de se blâmer de les avoir trouvés coupables. J'étais donc sincèrement inquiète de ma sœur, lorsque j'en reçus la lettre suivante :

« J'espère, chère Séraphie, que les affaires de mon père sont terminées. Lord Delby avait proposé à mon mari des arrangemens qu'il a peut-être refusés trop

(83)

légèrement ; mais nous sommes persuadés qu'il les aura faits avec vous. Daignez nous en instruire.

» J'ai fait le plus heureux voyage !... Je ne pourrais vous exprimer mon ravissement, en voyant les choses charmantes que Paris renferme, en jouissant sur-tout de la vie délicieuse que l'on y a adopté. Nous avons les plus brillantes connaissances ; mais il me faudrait l'activité d'une parisienne, pour pouvoir suffire à tous les plaisirs qui nous sont offerts.

» La première personne que j'ai vue à l'opéra, a été sir Clarens : il s'est informé de vous. Il ignore encore le désordre des affaires de mon père, et j'ai trouvé inutile de l'en instruire. Je voudrais, chère Séraphie, qu'il désirât vous épouser. Il est riche et fort estimable : un peu triste, à la vérité ; mais vous êtes si grave, que vous ne vous effrayeriez point, comme je l'ai fait, de son excessive raison. Il a pardonné (en apparence au moins) à mylord Langlade, la préférence que je lui ai donnée. Ce qui m'a presque autant surprise, c'est le désir impatient qu'il a de terminer ses affaires, pour retourner à Londres : cela doit vous garantir la gravité de ses goûts. Je vous embrasse, chère Séraphie, avec une tendre amitié ».

Quelle heureuse insouciance ! m'écriai-je, après avoir lu cette lettre. — «Quelle horrible dureté, dit mon père ; cette insensibilité est digne des traits qui l'ont précédée». Je défendais ma sœur, lorsque Williams entra, et nous dit que Darmance avait un rhume violent, et une fièvre très - forte ; qu'il lui avait défendu de nous en parler ; mais qu'il ne croyait pas devoir le faire. Je restai interdite : mon père demanda à l'instant une voiture. — « Je suis assez fort, me dit - il, pour visiter Darmance ; c'est un devoir sacré. Williams m'accompagnera ». En disant cela, il s'habillait. — « Je suis assez fort, répéta-t-il, en voyant mon inquiétude ; un peu de foiblesse encore n'est rien en voiture et dans un appartement ». J'éprouvais, en l'écoutant, un serrement de cœur extrême ; je désirais l'accompagner, et je n'osais le dire.

dire. Il fut habillé en un moment ; la voiture arriva. — « Demain, me dit-il, en s'arrachant de mes bras, nous le verrons ensemble ». Il sortit, et je restai accablée.

Une heure au plus s'était passée, *lorsque* Williams rentra, rapportant l'épée de son maître ; il la posa sur une table, sans pouvoir parler : il était pâle, ses lèvres tremblaient, ses cheveux blancs étaient soulevés sur sa tête. —« Mon père ? Où avez-vous laissé mon père », m'écriai-je ?.. —« En prison, me dit-il, en poussant un cri douloureux ; ni mes larmes, ni les prières de M. Darmance, que j'ai vu à ses pieds, n'ont pu changer sa résolution. Voilà ce qu'il vous a écrit » :

« Je n'ai pu supporter plus long-temps, chère Séraphie, le malheur de laisser mon jeune ami dans l'horrible prison qu'il habitait à ma place. Quittez l'appartement où vous êtes ; faites-vous conduire chez votre sœur ; que Williams et Paggy vous accompagnent, lorsque demain vous viendrez me voir . . . . . ».

Ire. *Partie.*   H

Je n'en pus lire davantage. « Demain ! m'écriai - je éperdue. Qui soignera , qui consolera aujourd'hui mon père , faible et souffrant encore » ? Je m'habillais à la hâte pour courir à lui, lorsque Darmance arriva dans un état de souffrance qu'il voulait vainement dissimuler , ne se plaignant que de la nécessité où il avait été d'obéir à mon père. Je le regardais, je pleurais sur sa situation et sur la nôtre : « Quels tristes amis , lui disais-je, le sort vous a fait rencontrer !» — « Ah ! miss , me dit-il , n'ajoutez pas à mon désespoir; je vois vos projets ». Il s'assit , la tête appuyée dans ses mains , et pleurant amèrement.—« Vous me conduirez, lui dis-je , s'il vous en reste la force. L'asile que vous avez habité par générosité , ne puis - je aussi l'habiter par devoir , par amour pour un père malheureux et chéri ? Le ciel y soutiendra mon courage ».

Il fallut l'arracher de la place où il restait immobile, pour me donner la main: Paggy , Villiams nous suivaient , emportant tout ce que leur prévoyance leur fit juger m'être nécessaire. Oh ! comme mon cœur défaillit, en entendant tirer les verroux et voyant le jour lugubre d'une prison ! Je tremblais comme la feuille ; Darmauce me soutenait. Je passai à travers vingt prisonniers qui se promenaient dans une cour, au bout de laquelle était le logement de mon père. Il accourut vers moi, dès qu'il m'aperçut ; et il me serra long-temps dans ses bras, sans pouvoir parler. — « Chère Séraphie, me dit-il, enfin, je ne consentirai point à ce que vous restiez ici. Pourquoi ces linges, ces vêtemens de nuit ? Vous ignorez que vous ne pouvez la passer dans cette prison ». — « Le jour, la nuit, la vie entière, lui dis-je ; personne ne pourra m'en arracher ! ..» Mon père fit appeler le geolier qui, par une humanité sur laquelle je n'aurais osé compter, trouva que l'état de faiblesse dans lequel était mylord, servirait de motif et d'excuse pour me garder auprès de lui. « Demain, dit-il, miss aura la bonté de me faire donner une attestation qui assure qu'elle est fille de mylord, et après

cette formalité , elle sera maîtresse de ne
plus le quitter ».

Je jetai les yeux autour de moi. Quel
logement , quel dénuement de tout ce qui
jusques alors m'avait entourée ! Williams
et Paggy se hâtèrent de me préparer un
lit , dans la chambre à côté celle de mon
père , où il y avait une porte de com-
munication. Darmance seconda leur zèle ;
je le vis arranger le carreau qui devait être
sous ma tête ; il tâchait de donner un air
d'ordre et de propreté aux modestes meubles. — « Croyez , miss , me dit-il , que
si chaque goutte de mon sang pouvait être
métamorphosée en un ornement , bientôt
vous auriez un palais ». — « Plus triste que
cette prison, ajoutai-je, si je n'y jouissais plus
de l'amitié , qui l'aurait créé pour moi ? »
Ses yeux brillèrent de joie , et cette joie me
fit craindre d'en avoir trop dit. Quelle
est donc cette prévention , me demandai-
je tout bas, qui s'oppose à l'expression des
sentimens les plus justes ? Je la déteste ,
lorsque le monde entier m'est inconnu ou
m'abandonne : l'unique ami dans notre infor-

tune doit avoir, après mon père, ma plus tendre, ma plus profonde affection ; je le dirais à lui, à l'univers entier, comme je le dis à moi - même , sans devoir en rougir.

Darmance, malgré sa fièvre, ne voulut nous quitter que très-tard. Je vis tout ce qu'il lui en coûtait pour me laisser dans le triste séjour où j'étais. Je rassemblai le peu qui me restait de courage , pour paraître tranquille. Je me couchai ; l'ange consolateur versa sur moi ses pavots ; je m'endormis bien profondément, et ne m'éveillai qu'assez tard , fraîche et reposée. — « Séraphie, me dit mon père en m'embrassant, cent années de mon repentir et de ma tendresse ne m'acquitteront pas assez envers toi d'une seule des nuits que tu vas passer dans cet asile de tristesse ». Je calmai son agitation. Williams arriva ; il avait vu Darmance, qui nous faisait assurer qu'il était assez bien pour nous venir voir l'après-dîner.

La vaste cour, autour de laquelle est le logement des prisonniers , leur sert de

promenade : quoique tous ne fussent renfermés que pour dettes , nous décidâmes
de ne nous laisser connaître d'aucun. Je
donnai une guinée au geolier , pour ne dire
notre nom à qui que ce fût ; et comme nos
deux chambres étaient fort petites , j'en-
gageai mon père à prendre l'heure du diner
des autres prisonniers, pour se promener un
peu au soleil. Il avait besoin , ainsi que
moi , de respirer un air moins étouffé que
celui qui nous environnait. Nous descen-
dîmes. Il avait son chapeau sur les yeux ;
les dentelles du mien me cachaient la figure.
Je lui donnais le bras : nous étions seuls
à l'extrémité de la cour , lorsqu'un jeune
homme , dont le costume élégant annonçait
qu'il venait seulement de visiter quelque
prisonnier, parut du côté de la porte où nous
étions. Je baissai la tête pour cacher ma
figure. Il s'arrêta , et je l'entendis prononce-
cer : « Grands dieux ! mylord de Gauge
ici ! » A son nom, mon père fixa le jeune
homme , et fut excessivement ému : « Oui,
sir George Alfield , lui dit-il , avec l'organe de l'indignation ; c'est moi , subissant

la peine due à ma crédulité ; dites à votre mère ce que vous avez vu. Vous avez son cœur , sans doute , puisqu'elle vous envoie contempler le malheur de ses victimes. » Au nom d'Alfied , j'avais serré fortement le bras de mon père , et je l'avais entraîné, sans regarder celui auquel il faisait de si justes reproches : « Si jeune , disait-il , et déjà si cruel ! » Il se passa plus d'une heure avant qu'il me fût possible de calmer l'agitation qu'il avait éprouvée. Darmance , qui nous visita l'après-midi , nous trouva encore fort émus. Il était excessivement changé , et souffrait. Nous le suppliâmes de s'occuper uniquement de sa santé. Les jours suivans , nous ne le vîmes point ; il était véritablement malade. Le chirurgien de mon père , qui le voyait , nous rassura cependant sur le danger que notre amitié nous faisait craindre.

Un matin , le concierge remit à mon père un billet que, sans l'avoir lu , il jeta au feu . « C'est, me dit-il , le troisième que je reçois de sir Alfied qui , sans doute , me prie encore de recevoir sa visite. »

C'était le douzième jour de notre détention ; Darmance nous fit dire qu'il viendrait
nous voir. Il parut, en effet ; mais tellement affaibli par une fièvre presque con-
tinue, que je sentis une larme de tristesse
et de pitié dans mes yeux. « M. Stolfe,
nous dit-il, arrivera ce soir ; des affaires
imprévues l'ont rappelé ; j'ai passé chez
lui ; j'y ai laissé un billet qui l'instruira de
votre malheureux séjour ici. » Pour éviter
une conversation qui l'aurait fatigué, je pris
ma harpe ; j'exécutai quelques morceaux ;
je chantai quelques airs, et, par ce charme
inexprimable attaché à la musique, je vis
mon père et Darmance oublier leurs chagrins, sourire et m'applaudir. En cessant
de jouer, j'aperçus M. Stolfe. Je fis un cri
de joie, en courant à lui. Il baisa ma main
avec attendrissement ; il embrassa mon
père, et serra Darmance dans ses bras.
« Je contemplais, me dit - il, depuis un
moment la douceur et la beauté, consolant
l'infortune ; j'espère, miss, que ce touchant
tableau renaîtra sous vos crayons ».

Nous lui racontâmes tout ce qui s'était

passé depuis son départ : il se livra à l'indignation dont il était pénétré, en exhalant son ressentiment contre milady. — « Pour mylord Delby, dit-il, ou je connais peu les hommes, ou je réponds qu'il *ignore la* cruauté de sa sœur : il est frivole, il est capable des torts que peuvent inspirer l'amour du plaisir et des passions vives, mais non d'un calcul raffiné et méchant ». Nous étions occupés de ces réflexions, lorsque, tout-à-coup, un jeune homme se précipite vers mon père. « Sir Alfied dans ma prison, s'écria mylord, avec fureur ! » — « Oui, mylord, répondit le jeune homme, avec le ton du respect et de la douleur. Vous m'avez jugé capable d'une odieuse curiosité, il y a quelques jours, lorsqu'au contraire, la surprise et la peine la plus sincère me rendirent immobile ; vous avez déchiré mes lettres sans les lire ; vous m'avez repoussé avec horreur, lorsque je vous ai fait supplier de me recevoir : ne me confondez pas, mylord, avec vos ennemis ; daignez, miss, croire à la sincérité de mon entier dévouement. » — « Sir Alfied, dit

M. Stolfe., en lui tendant la main ; je suis votre garant ; la vérité et l'honneur s'expriment comme vous. Si vous étiez méchant, le spectacle qui est sous vos yeux, *suffirait pour vous rendre meilleur*». — « *Sir* George, dit mon père, en lui offrant un siége , il est affreux , dans l'âge de la raison , d'avoir à rougir des suites de sa conduite..... Mes ennemis ont été cruels, et mes fautes bien grandes. » Je sentis la délicatesse de mon père ; il voulait épargner à sir Alfied la connaissance entière des crimes de sa mère. — « Je n'ignorais point, mylord , dit sir George , que lord Delby , mon oncle , était possesseur d'une partie de vos biens, et qu'il s'en était arrangé avec ma mère. Avant son départ, je fus témoin de quelques contestations entre eux à cet égard , et de la décision absolue du lord de remettre à son retour l'examen scrupuleux de cette affaire. Jusqu'à cet instant , sa volonté était que vous restassiez paisible possesseur de votre hôtel surtout. Ce sont ses propres paroles , mylord ; j'ignore par quel événement ma mère s'en est emparée , et quelle étrange fatalité vous a conduit ici. Croyez, mylord , que si milady Alfied est la cause de votre séjour dans cette odieuse prison , je ne m'en consolerai jamais, et que vous n'y resterez pas un jour de plus. » — « Sir George , dit M. Stolfe , votre sensibilité m'enchante , et nous console des cruautés de milady : oui , c'est elle qui , par une trame odieuse , profitant de l'absence de lord Delby , a privé mylord de sa liberté. » — « Monsieur , dit sir George , je lui ai écrit , pour le supplier de hâter son retour ; car , avant ce moment , je n'ose rien attendre de la complaisance de ma mère , à laquelle cependant je vais faire , en sortant d'ici , toutes les instances possibles , pour que mylord n'y reste pas davantage ». Il paraissait pénétré , en nous quittant , d'une véritable peine. J'étais uniquement occupée de ce qu'il devait souffrir, et je jugeai qu'il est bien moins cruel d'appartenir à l'opprimé qu'à l'oppresseur.

A l'instant où sir George était entré , je l'avais reconnu pour le même jeune homme qui m'avait secourue, lorsque, sortant de chez milady Langlade, j'avais été effrayée par un cheval échappé ; il me rappela ce léger accident auquel j'avais pensé cent fois ; je fus enchantée de pouvoir l'assurer de ma reconnaissance. — « Ah ! miss, m'avait-il répondu, ce moment est ineffaçable. Quelles recherches n'ai - je point faites !... Devais - je croire que ce serait ici que je retrouverais la personne que j'avais secourue ? »... Il s'était arrêté avec un embarras qu'il m'avait communiqué. J'avais éprouvé, en l'écoutant, toutes les surprises d'une liaison naissante, et toutes les douceurs d'une ancienne amitié. Étrange hasard ! pensai-je tout bas : pendant que milady Alfied était occupée à nous persécuter, son fils me secourait ; et aujourd'hui, c'est lui qui nous console dans la prison où sa cruauté nous retient. Je trouvai une extrême douceur à juger qu'elle n'avait pas communiqué sa haine pour nous à tout ce qui l'entourait.

Pendant tout le temps que sir George était resté avec nous, Darmance avait été

dans

dans une véritable souffrance. Je l'avais attribué aux douleurs de poitrine dont il s'était plaint; mais ses regards errans tour-à-tour sur moi et sur sir George, me donnèrent la première idée d'une forte jalousie; ils semblaient me dire : « Quoi, Séraphie, la pitié du fils de l'odieuse milady vaut-elle ce que j'ai fait pour vous? » Je voulus vainement, par un regard d'amitié, calmer son agitation : chaque instant le rendit plus sombre et plus farouche.

M. Stolfe et lui se retirèrent, en nous faisant espérer que l'époque du retour de lord Delby serait celle de notre liberté. Le premier, avant de sortir, fit l'éloge de sir George. J'avais pensé tout ce qu'il avait dit, ou plutôt, je l'avais senti: car il est un éloge qui part plutôt du sentiment que de l'esprit. Le mien était sans cesse occupé de cette douceur, de cette sensibilité si pure et si vraie, si différente de l'altière cruauté de milady. Je m'étonnais que son fils n'eût aucun de ses torts; je lui attribuais tout le mérite d'un caractère qui avait résisté à la nature et à l'éducation.

Il venait presque tous les jours nous voir : mon père en était enchanté ; et moi-même je trouvais bien plus longs ceux où il ne paraissait pas.

Un matin, il demanda à communiquer à mylord une lettre qu'il venait de recevoir du lord. Mon père dormait pour réparer la fatigue d'une insomnie presque continuelle ; je fus forcée de recevoir sir George dans ma chambre, où Paggy me servait le thé. Il accepta avec joie de le prendre avec moi. Si j'avais eu plus d'expérience, son trouble m'eût instruite des sentimens qu'il avait pour moi. Il me rappela le premier instant où il m'avait vue : — « Souffrez , miss , me dit - il , que je vous peigne l'impression subite que me fit votre apparition, et la tristesse que j'éprouvai de vous voir vous éloigner presque au même instant ; sans vous avoir suivie , sans avoir remarqué vos gens , j'étais resté immobile d'admiration. Je passai le reste du jour à m'informer qui vous pouviez être , et les suivans à vous chercher. Votre figure, votre air, votre taille m'avaient tellement frappé , que dans quelque temps, dans quelque lieu que je vous eusse rencontrée, je n'aurais pu vous méconnaître. Quinze jours se passèrent en recherches inutiles ; j'en éprouvais une tristesse qui repandait le dégoût sur toutes mes actions : son influence me porta à visiter un jeune homme auquel je m'intéresse, retenu pour dettes dans cette prison. Jugez, miss, de mon étonnement , en vous voyant soutenir votre père. Je l'avais souvent vu , dans mon enfance ; mille et mille fois j'avais reçu ses caresses. Je le reconnus , malgré son état languissant , et je fis au ciel le serment de vous rendre l'un et l'autre libres. Dans la joie, la douleur, la surprise; dans l'espèce d'égarement que me causa votre rencontre si désirée, et si fort inattendue dans le lieu où j'étais, je courus vers vous; mais je fis horreur à mylord et à vous-même : d'une main vous l'entraînâtes, et de l'autre, vous parûtes me repousser, sans avoir daigné lever les yeux sur moi. Mylord, en s'éloignant, me reprocha des crimes que j'ignorais. Je sortis désespéré ; je voulus m'instruire, par le geolier, de la cause de sa détention : il fut d'abord sourd à toutes mes questions. « Je le connais, lui dis-je, c'est mylord de Gange. Dites - moi de grâce, quelle est la malheureuse affaire qui le force d'être ici ? » — « Une très-grosse dette, me répondit-il, envers le lord Delby, et une milady sa sœur. » Ce peu de mots m'éclairèrent et furent un coup de foudre pour moi.... « Personne, demandai-je au geolier, ne le visite, ne le console, ne le protège ? » — « Ah ! me dit-il, si vous voyez les soins, les caresses de sa fille ! il semble que cette prison soit sa demeure ordinaire. Un jeune homme, que l'on nomme Darmance, a passé quelques jours ici à la place de mylord, qui le força d'en sortir, parce qu'il était malade : il est le seul qui l'ait visité. » — «Ah! miss, combien j'enviai son sort ! Je marchai plusieurs heures sans savoir où j'étais ; je n'entendais que les paroles cruelles de mylord, je ne voyais que votre signe repoussant. J'oubliai que ma mère donnait ce jour-là un grand dîner ; je n'étais point en état de paraître : je me fis excuser, sous le prétexte d'une indisposition ; elle passa chez moi. — « Sir George, me dit-elle, vous paraissez plus fatigué que malade : vous n'ignoriez pas cependant que j'avais du monde... Ma société, continua-t-elle, ne vous convient plus depuis quinze jours, je m'en aperçois. Je voudrais savoir quels sont ceux que vous me préférez ? — « Les malheureux, milady ! Ceux, ajoutai-je, en élevant un peu la voix, qui habitent la prison de . . . . .» Milady resta un moment interdite : une rougeur excessive couvrit sa figure ; mais, réprimant soudain cette punition impérieuse, imposée par la nature, elle sourit dédaigneusement, et me dit avec une ironie, à travers laquelle perçaient mille craintes : « Ah ! sir George connaît mylord de Gange, et sa fille aussi, sans doute ? » — « Oui, milady, mais d'aujourd'hui seulement ; par hasard, et pour la première fois, je les ai vus ; ils ont pénétré mon cœur d'une tristesse qui me rendrait fort déplacé au milieu du

cercle brillant qui est rassemblé chez vous».
Je lui présentai la main , et la conduisis
jusques à la porte de son salon. « Demain ,
lui dis-je en la quittant, j'espère que vous
voudrez bien m'instruire des motifs de la
détention de mylord de Gange. »

» Quelles réflexions tristes ne fis-je pas, en
entrant dans mon appartement , orné de
toutes les recherches du luxe ! J'en fus
bientôt fatigué par les soins de tous les
gens de la maison ; intéressés à flatter les
fantaisies , à caresser les caprices , à supporter les humeurs de l'unique héritier
d'une riche famille. Leur attentive inquiétude pour la faible apparence d'une indisposition , me blessait le cœur. Je vous
voyais , miss , entre les sombres lueurs
d'une prison , entourée de meubles souvent brisés par le désespoir , servie par un
vieux domestique ; et ne supportant pas
sans douleur l'abandon dans lequel on laisse
les malheureux. Cette image m'occupait entièrement. Je passai une nuit cruelle ; et
long-temps avant le moment où il est jour
chez ma mère, je lui fis demander l'hon-

neur de la voir. Ses femmes , effrayées
de mon désordre , l'éveillèrent , et me
firent entrer... « Oserais-je demander à
milady, lui dis-je avec le ton du plus
profond respect , ce qui peut l'avoir forcée
à réduire une famille honnête à l'état le
plus affreux ? Je l'ai vue la caresser , il
m'en souvient , avec l'apparence de l'affection ». — « Je pourrais me dispenser ,
répondit milady avec hauteur , de répondre aux questions de mon fils ; mais
il est bon qu'il apprenne qu'un nom, une
fortune , des amis , des protecteurs ne ga-
rantissent point de la chute humiliante
dans laquelle entraîne une mauvaise conduite : mylord de Gange , maîtrisé par sa
passion pour le jeu , a tout perdu. Un
hasard , inutile à vous détailler , ma rendue ,
et mon frère , propriétaires d'une grande
partie de ses biens et de ses billets , qu'il
n'a pu acquitter. Nous n'avons pas jugé à
propos de donner des délais éternels... »
Elle sonna ses femmes ; mais , malgré
leur présence , je lui rappelai que mon
oncle , avant son départ , avoit dit vou-

les soins de Darmance ne m'avaient point
fait éprouver. J'ignorais quel charme nouveau, la pitié, la tendresse, jointes aux sentimens que l'on partage, ajoutent aux consolations. *J'ignorais aussi le danger d'écouter*
un consolateur, qui unissait à tout ce qui
peut enchanter l'esprit, tout ce qui peut
encore séduire le cœur. Le mien, jusqu'à cet
instant, n'avait été sensible qu'à l'amitié
et la douleur. Mes larmes étaient ma seule
réponse à tout ce que venait de me dire
sir George... Mon père vint me tirer de
l'embarras cruel et délicieux où j'étais pour
lui répondre. Sir George lui annonça le retour de Mylord Delby, et nous quitta. Je
racontai à mon père tout ce qu'il venait
de me dire, car j'ignorais l'art dangereux
de cacher mes sentimens à celui qui devait
être mon guide; lorsque Williams vint
nous dire que Darmance était beaucoup
plus malade, et que le chirurgien en paraissait inquiet. Mon père poussa un soupir
douloureux : « Voilà, me dit-il, l'instant
où j'ai le plus cruellement senti mon escla-
vage. »

Tous les bienfaits de Darmance s'offrirent à ma pensée ; toutes les conventions de la bienséance s'y présentèrent aussi..... Un jeune homme , seul, dans un hôtel garni , visité par une jeune personne... Mon cœur et ma reconnaissance furent mes arbitres. « Mylord , dis-je à mon père , vous devez la vie à Darmance ; il est malade , abandonné à des soins mercenaires ; souffrez que , conduite par M. Stolfe , je juge moi-même de son état... » Mon père restait dans une incertitude affligeante. Je vis entrer M. Stolfe , auquel je demandai conseil. « Miss , me dit-il , quand la vertu décide l'action , et que la décence l'accompagne, elle ne peut être répréhensible. J'aurai l'honneur de vous conduire. Darmance mérite cette distinction flatteuse , et je réponds qu'il en sentira le prix. » Nous montâmes à l'instant même dans sa voiture. Il me demanda , en route , si je n'avais rien appris concernant Darmance ? — « Pardonnez , lui dis-je ; il m'a confié quels sont ses parens. Je désire qu'il veuille vous confier aussi toutes les choses qui l'intéressent. »

Nous arrivâmes chez lui. M. Stolfé fut lui annoncer ma visite. Il fit un cri de joie. Je parus ; il rougit, il pâlit successivement. « Miss , si je meurs , me dit-il, ce sera de la joie que me cause tant de bontés. » *Je m'étais assise près de lui.* M. Stolfé touchait son poulx : « Il bat bien fortement, lui dit-il ; mais mon cœur bat plus fortement encore. » Je vis dans tout son appartement, ma figure dessinée ou peinte: « Miss, s'écria-t-il, en apercevant ma surprise, pardon mille fois; mais, pénétré de vos chagrins , charmé de vos vertus , et ravi de votre beauté , quel autre objet aurait pu s'offrir à ma pensée, et occuper mes loisirs? Si j'ai fait une faute , n'en accusez que l'impossibilité de m'occuper d'objets qui vous soient étrangers. » M. Stolfe le rassura : « J'étais trop juste , dit-il, pour m'offenser d'une chose aussi naturelle. »

Le chirurgien arriva; sa présence m'embarrassa : j'oubliai un moment le devoir que je remplissais , pour ne penser qu'aux froides conventions de l'usage. Ce moment d'une injuste gêne, fut court : l'action juste l'emporta l'emporta sur l'action extraordinaire. Le chirurgien , qui était très-attaché à Darmance, nous remercia de notre visite. Puis, saisissant un moment où je regardais un tableau : « Miss , me dit-il , tout bas, votre *présence peut ici beaucoup plus que mon art.* » Il s'éloigna sans attendre ma réponse. Nous quittâmes Darmance , en lui promettant de revenir le voir incessamment.

— « Aimable jeune homme ! disait M. Stolfe en retournant, jamais , ajouta-t-il , personne encore ne m'inspira un intérêt plus tendre. »— « Jamais, lui dis-je , je n'avais encore senti l'étendue de mon amitié pour lui. C'est dans le péril ou l'absence de ses amis , que l'on peut véritablement juger le dégré des sentimens que l'on a pour eux. »

M. Stolfe avait appris le retour du lord , et la nécessité où il avait été de se rendre à Windsor, où il devait passer deux jours.

Le surlendemain de notre visite à Darmance , dont l'état était moins inquiétant, M. Stolfe vint me chercher pour lui en faire

<table>
<tr><td>Ire. Partie.</td><td>K</td></tr>
</table>

une nouvelle. Nous le trouvâmes levé , et parfaitement bien. On lui apporta une lettre. « Elle est de ma seconde mère, dit-il en regardant la souscription ; elle serait inquiète , ajouta-t-il , si elle savait que son Octave *a éprouvé la moindre indisposition.* » — « Octave ! » dit M. Stolfe troublé. — « C'est le nom que me donna ma mère, avec le jour malheureux qui lui coûta la vie ! » — « Et votre père ? » demanda-t-il avec une excessive émotion ? — « Il n'existait plus à ma naissance. » — « Où perdîtes-vous vos parens ? » — « Mon père fut assassiné en Angleterre. » — « Et votre mère ? » s'écriat-il , en levant ses bras tremblans vers le ciel. — « Elle mourut en France ; Olinde Suder était son nom. » — « Dieux ! dit M. Stolfe en s'élançant dans les bras de Darmance , voilà ton père...! voilà les cicatrices des coups que le furieux Suder porta dans ma poitrine ! J'ai vainement cherché ton infortunée mère ; son image et ses malheurs ne sont jamais sortis de mon cœur.... ! » Darmance , transporté d'une joie trop vive pour sa situation ,

serrait son père dans ses bras , et le
baignait de larmes . « Enfin , disait
M. Stolfe, trente années de regrets peuvent
donc être effacées par un moment de
bonheur ! » Ils se firent le rapide récit de
ce qui les intéressait . « Ah ! disait
M. Stolfe, si mylord de Gange ne dédai-
gnait pas l'enfant de l'amour et du malheur ... ! » Je baissai les yeux ; il s'arrêta.
La foule de ses sensations paraissait l'acca-
bler . Nous quittâmes Darmance le plus
heureux des hommes .

« Jamais la nature, me dit M. Stolfe,
n'avait formé une femme plus douce et
plus belle qu'Olinde Suder. Je ne dus sa
confiance qu'à la nécessité , qu'au péril où
l'avait réduite la passion que son frère
avait pour elle. Notre embarras fut extrême , lorsqu'ayant saisi le premier instant où je pus lui parler, pour lui offrir
le secours de mon père , que j'attendais
le lendemain , nous entendîmes rentrer
Suder. Ses alarmes , sa tendre inquiétude ne peuvent se peindre. Elle m'aimait,
je l'adorais : mon péril la faisait frémir,

Renfermés ensemble pendant la nuit, son esprit, plus aimable encore que ses charmes , acheva d'égarer ma raison : j'essuyais ses larmes , j'étouffais ses soupirs : j'étais brûlant d'amour ; nous étions seuls : le silence et la nuit nous environnaient... je devins coupable. Suder nous entendit sans doute ; car, en entrant chez sa sœur , il me porta trois coups de poignard dans la poitrine. Philip et la gouvernante prirent sans doute la fuite , en avertissant un chirurgien de venir à mon secours : il me trouva noyé dans mon sang. Les domestiques de mon père, accourus à ses cris , me portèrent chez lui. Je fus plusieurs jours dans le plus grand péril , et hors d'état de répondre aux questions des gens de loi. J'aimais trop Olinde, pour accuser son frère. Je ne fis que des réponses insignifiantes. Comme le coupable avait disparu, et que l'on ne désespérait plus de ma vie, cette affaire n'eut aucune suite.

» Mon père quitta son logement à Londres, et me fit transporter à la campagne. Le souvenir d'Olinde m'y suivit ; je revins à Londres, aussitôt que j'en eus la force, faire d'inutiles recherches : en Écosse, elles furent aussi infructueuses. Suder, qui en était parti depuis douze ans, n'avait jamais donné de ses nouvelles. Pendant mes voyages en France, en Hollande, je ne pus rien découvrir ; enfin, après trois années de peines inutiles, je revins me fixer à Londres ou dans les terres que mon père me laissa à sa mort, passant ma vie à regretter Olinde, que je croyais assassinée par son frère.

» Voilà, miss, les chagrins qui, joints à un caractère naturellement sérieux, m'ont éloigné de la société, et fait accuser d'une misanthropie que je n'ai point. Jusques à l'instant où je vous vis, miss, j'avais passé mes jours sans plaisirs : vous m'inspirâtes le plus vif intérêt : j'y ajoutai tous les sentimens d'admiration dus à votre courage. Je jugeai que la fortune de mylord votre père était à - peu - près anéantie, et que le plus bel emploi de la mienne, qui est immense, était de vous en rendre maîtresse. Mais, j'ai cinquante ans : vous êtes

jeune et belle ; j'ai craint que votre cœur
ne repoussât le mien : j'ai gardé le silence
sur ses vœux. Darmance est mon fils : il
vous aime , miss ; tous mes biens lui ap-
partiendront ; et mylord l'estime assez pour
ne pas dédaigner une alliance qui détruira
toutes les difficultés que sa délicatesse op-
poserait au don de sommes considérables ,
nécessaires à l'arrangement de ses affaires. Ma famille est noble ; mes sentimens l'ont toujours été. Je rendrai l'état
de Darmance tel qu'il n'en puisse jamais
rougir. Si ma proposition ne vous convient
point , miss , qu'elle reste secrète entre
vous et moi ; je n'en serai pas moins le
plus zélé de vos amis. S'il en est autre-
ment , faites-en part à mylord votre père :
demain , je reviendrai recevoir l'arrêt de
mon bonheur , ou celui de mes éternels
regrets. »

Ma surprise et mille sentimens confus
m'empêchèrent de répondre à M. Stolfe,
comme j'aurais voulu le faire. Ma reconnaissance était trop profonde, cependant,
pour être froidement exprimée. Il raconta

à mylord, avec une joie qui ressemblait au délire, l'heureuse découverte qu'il venait de faire ; celle avec laquelle mon père l'embrassa plusieurs fois, me parut la réponse que l'on attendait de moi. Après son départ, je rentrai dans ma chambre, accablée du poids de mes réflexions. Surprise, reconnaissance, crainte, devoir, amour, tous ces sentimens élevèrent dans mon cœur un orage pénible. Sir George, sur lequel je n'osais arrêter ma pensée qu'en tremblant, me fit répandre des larmes bien amères.— « Séraphie, me dit mon père, qui me surprit dans cet état, nos amis sont heureux, et votre tristesse semble s'accroître ? » Il s'assit à mes côtés ; je passai mon bras autour de sa tête ; et j'étouffai mes sanglots contre sa poitrine. — « Quelque peine nouvelle t'afflige, me dit-il, dépose-là dans le sein de ton père. » Je lui racontai tout ce que M. Stolfe m'avait dit ; et je vis briller la joie dans ses regards. « Un homme jeune, aimable, courageux, le fils de notre unique ami, le libérateur de ton père, ne peut être indif-

férent à ma Séraphie. Ma fille, ajouta-
t-il en serrant mes mains dans les siennes,
je te devrai le repos et la liberté.... »
Je ne pouvais répondre ; j'allais décider du
sort du reste de ma vie : j'allais élever, d'un
seul mot, une barrière immense entre moi
et l'unique objet de ma secrète tendresse,
quand Williams nous dit qu'il nous attendait. Depuis quelques instans, sans doute,
sir George était dans l'appartement voisin
du mien ; car je le vis essuyer des larmes.
— « Mylord, dit-il à mon père, la vue de
la douleur que vous cause ma famille, à
vous et à miss Séraphie, est pour moi le
plus affreux spectacle. Acceptez, mylord,
les billets et l'or que vous trouverez dans
cette cassette ; sortez de cette horrible demeure, et laissez-moi le soin d'arranger
vos affaires avec lord Delby. » Mon père
embrassa tendrement sir George. — « Je
refuse tout, lui dit-il, excepté votre amitié. M. Stolfe sollicitera la justice de vos
parens ; ses soins et ses secours sont les
seuls que je doive accepter. » — « Mylord,
dit sir George, pénétré du refus de mon père,

lord Delby arrive ce soir de Windsor, je
lui peindrai votre situation, de manière à
le pénétrer de regret d'en être la cause. »
— « Ah ! sir George, lui dit mylord en
recueillant *les larmes que nos malheurs* faisaient couler, vous méritiez une autre
mère. » Il nous quitta dans la crainte que
le lord n'arrivât pendant son absence.

De toute la nuit, je ne pus prendre un
moment de repos ; mon cœur avait recueilli
chaque parole de sir George : l'image de
sa douleur augmentait la mienne ; je sentais cependant toute l'étendue des devoirs
que m'imposaient et l'amour filial et la
reconnaissance. J'aurais voulu ne pas attendre de nouveaux bienfaits de M. Stolfe,
pour donner la main à son fils. Mon père
me l'avait fait entendre. Sa fierté lui donnait le conseil de tout devoir à la générosité d'un ami, et rien à la pitié de ses
ennemis. Il fallait une victime, et je sentais que le sort m'avait marquée pour l'être.

M. Stolfe vint le lendemain, à onze
heures, nous apprendre qu'il quittait le lord.
« Ce n'est, nous dit-il, ni de ses intérêts,

ni de mylord dont il m'a parlé; mais de vous, miss: il ne peut supporter l'idée de vous savoir ici ; il se propose de vous voir dans la soirée.» Mon père fronça le sourcil. — « *C'est, dit-il*, avec véhémence, à sa justice, et non à sa pitié , que je veux devoir l'arrangement de mes affaires. J'ai été volé au jeu par des fripons; l'on m'a fait faire, pendant une ivresse préparée , des billets ruineux ; j'ai été frappé par des assassins ; la même furie qui dirigeait leurs coups , m'a fait conduire ici ; je dois trouver dans lord Delby un défenseur , s'il a véritablement dans l'ame quelques sentimens d'honneur. Mais, ajouta mon père avec un attendrissement qui me fit frémir , mon éloignement pour la pitié de mes ennemis est bien au-dessous de ma reconnaissance pour les services d'un ami respectable. » Il tendit la main à M. Stolfe , dont les regards pénétrans furent jusqu'à mon cœur, chercher l'approbation de ce que disait mon père. Il dut y voir tous mes sentimens les plus affectueux. Pour dissiper mon embarras , il me fit souvenir que nous avions

promis une visite à Darmance ; le chirurgien et Paggy nous accompagnèrent. Il était
très-bien. Son père lui raconta son entrevue
avec lord Delby , et la résolution où était
mylord de Gange, d'obtenir de sa justice ,
et non de sa pitié , l'arrangement de nos
affaires. « L'homme puissant, dit Darmance,
en rougissant , abuse si souvent de son pouvoir , qu'il force les malheureux à douter
même de sa bienfaisance réelle : c'est quelquefois une injustice que cette méfiance ;
mais l'exemple en est sans cesse l'excuse. »

J'éprouvai un mal - aise inexprimable
pendant cette visite. Darmance était toujours l'homme estimable dont les procédés
avaient tant de droits sur mes sentimens ;
mais devenue tout-à-coup le prix de ses
bienfaits , je sentais que mon cœur était
peu d'accord avec ma raison qui m'ordonnait ce sacrifice. En sortant de l'hôtel ,
nous trouvâmes à la porte le lord Delby ,
arrêté dans sa voiture par un embarras : il
fit un mouvement de surprise ; je m'élançai
dans celle de M. Stolfe. Je le vis appeller
l'hôte , et je ne doutai point que je ne fusse

l'objet de ses questions. Un mouvement inexplicable me fit rougir : ce n'était ni l'amour-propre , ni l'honnêteté blessée qui pouvaient causer mon trouble ; l'un n'était point offensé ; l'autre ne pouvait être compromise , entourée , comme je l'étais, en visitant le libérateur de mon père ; mais Darmance était jeune : le lord pouvait me supposer un intérêt que je n'avais pas , en parler devant sir George.... Ah ! combien cette idée pesa sur mon cœur !

Dans l'après - midi , mylord Delby et M. Stolfe arrivèrent ensemble. Celui-ci fit subitement l'ouverture d'une conversation embarrassante. « Monsieur , dit le lord , avant toute explication , je supplie mylord de Gange de sortir d'ici ce soir : mes ordres sont donnés en conséquence ; ensuite, il sera temps de parler d'affaires. — «Mylord, reprit mon père , je suis touché de votre procédé ; mais , pour consentir à sortir d'ici , il faudrait être certain de n'y rentrer jamais. Ce sera donc dedans ma prison que nous nous occuperons de mes malheurs, de mes torts , et de ceux plus grands de mes

mes ennemis. Je reconnais, mylord, la loyauté des avantages que vous avez eus sur moi dans les parties de jeu que nous avons faites ensemble ; je vous regarde *comme légitime possesseur de mes biens du* Devonshire et des sommes que je vous ai remises ; mais, mylord, il n'en est pas de même des sommes qui m'ont été gagnées, des billets qui m'ont été extorqués par des scélérats, que je croyais honnêtes, parce que je les avais trouvés chez vous, ou avec vous, dans des maisons de jeu. Puis-je oublier, et ne pas me plaindre amèrement de l'ivresse, très-extraordinaire, pendant laquelle on me fit céder mon hôtel et mes meubles dont vous et milady Alfied vous êtes trouvés possesseurs, ainsi que des billets faits dans le même moment? Puis-je, mylord, songer sans frémir d'un juste ressentiment contre ceux qui dirigeaient tous les coups dont je fus frappé, aux trois assassins qui m'auraient arraché la vie, sans le secours d'un étranger ? Que dois-je dire, enfin, de la cruauté de milady votre sœur, qui vous était connue, et de la liberté que vous lui avez laissée , en partant, de faire exécuter contre moi la plus odieuse et la plus injuste sentence, lorsque vos promesses m'avaient fait compter au moins sur un délai bien nécessaire au péril dans lequel j'étais encore? Je puis, mylord , réclamer la plus grande partie de mes biens , et votre délicatesse doit vous prescrire de me les rendre » — « Mylord , dis-je à mon père, en voyant l'excessif embarras du lord , il sera des sacrifices que vous ne pourrez vous dispenser de faire. Milady a, depuis quinze jours, cinquante ouvriers dans votre hôtel ; elle consentira difficilement à vous le rendre.»—« Rendre! s'écria mon père , dites restituer ! Ce mot blesse votre oreille , mylord Delby ; que votre probité et mon malheur l'adoucissent!» Je représentai encore que l'amour propre de milady... — « L'amour propre , dit mylord de Gange , en m'interrompant : a-t-elle ménagé le mien , lorsque, sans respect pour mon nom , mon âge , mon malheur , et l'état périlleux où sa haine m'avait réduit , elle m'a fait traîner dans

cette odieuse prison ? Qu'elle rougisse, mylord , et de ses forfaits et de la fausse
tendresse qu'elle employa jadis, pour me
rendre sa victime. » L'embarras du lord
augmentait comme la colère de mon père.
« *Je vous demande deux jours*, lui dit-il,
pour préparer milady à un arrangement
absolu. Je vais partir désespéré, miss, de
vous les laisser passer encore ici. » M. Stolfe
répondit que, près de mon père, auquel
j'avais consacré ma vie, ils me paraîtraient
d'autant plus courts, qu'ils seraient passés
dans l'espérance d'un meilleur sort. « Miss,
me dit encore le lord, la crainte de vous
déplaire, m'a seule empêchée de vous ap-
procher, lorsque ce matin j'ai eu l'honneur
de vous apercevoir. » — « Mylord, lui dis-
je, j'avais quitté quelques instans mon
père, pour visiter son libérateur. » — « Oui,
mylord, dit mon père, le jeune homme
que miss Séraphie a visité, accompagnée
de mon ami, est celui auquel je dois la
vie, celui qui s'était rendu prisonnier à
ma place, et qui le serait encore, sans une
maladie grave qu'il vient d'éprouver, et la

volonté absolue où j'étais de prendre moi-même ce triste poste , aussitôt que mes forces me le permettraient. J'ai pensé que l'on ne devait pas calculer la froide convention de l'usage, envers celui qui avait fait tant de choses *pour moi.* » *Mylord* s'inclina , et sortit.

Le jour suivant , sir George entra en s'écriant : « Mylord , vous êtes libre ; c'est de la part de M. Stolfe, qui sera bientôt ici, que je viens vous le dire. Tout est arrangé ; heureux mortel ! et moi je n'ai rien fait, je n'ai rien pu faire. J'ignore par quels sacrifices cet ami généreux a pu, en un jour, applanir tant de difficultés : ils sont grands sans doute ! mais j'atteste le ciel de ne jamais regarder comme une portion de ma fortune, ce qu'il aura payé pour vous faire rentrer dans vos biens. Je restituerai tout, mylord ; c'est une dette sacrée que je vais contracter avec lui. » Il arriva , et nous demanda en grâce de n'exiger aucuns détails. « Vous rentrerez dans vos biens, dit-il à mon père, et voilà tout vos billets ; mais milady s'est obstinée à

garder votre hôtel. » Qu'il paye cher,
me disais-je tout bas , un cœur qui se
donne avec tant d'efforts ! Il passa avec
mon père dans ma chambre, où ils par-
laient avec chaleur de milady. Pendant
ce temps, sir George me remit un papier
qu'il me pria de lire, lorsque je serais
seule. Je refusais de le recevoir, lorsque
M. Stolfe rentra ; je fus forcée de le cacher. — «Allons, nous dit-il en me présen-
tant la main , habiter un séjour plus heureux. » Mon père m'arrêta. — « Séraphie,
me dit il , vous seule pouvez acquitter tant
de bienfaits. » — « Je les acquitterai, dis-je
avec courage ; recevez - en le serment. »
M. Stolfe baisa ma main avec transport.
— « Miss de Gange, dit-il à sir George ,
veut bien m'honorer de son alliance :
Darmance est mon fils. »—« Et mon libérateur, dit mon père, doit être aussi le mien. »
Je vis sir George pâlir, s'incliner, balbu-
tier un compliment, être prêt à s'évanouir.
Il se contraignit, et puisa dans mes regards
la consolation tacite qui partait de mon
cœur. Il cacha sa douleur, et je l'en ré-

merciai encore par un regard qui lui dit
tout ce que ma bouche ne dût jamais lui
dire. Il se retira. — « Où allons - nous ,
dit mon père à son ami ? » — « Chez vous ,
mylord. » Ah ! disais-je en traversant les
*cours de notre prison, triste et malheureux
asile* ; peut-être vous regretterai-je ! La liberté que l'on va me ravir est bien plus
précieuse que celle que vous m'aviez ôtée.

Nous trouvâmes en arrivant Williams
et Paggy ravis de joie , en possession du
superbe appartement que M. Stolfe nous
avait destiné. Tout y était beau , élégant ,
commode : Darmance parut , présenté par
son père ; il me parla en homme transporté de son bonheur prochain.

Je me retirai de bonne heure ; je restai long-temps accablée sous le poids de
mes idées , ne songeant pas même , pendant quelques momens , à lire la lettre que
sir George m'avait remise. Qu'elle était
tendre cette lettre ! chaque mot en fut
gravé dans ma mémoire. Amour , espérance , don de son cœur , offre de sa main
et de sa fortune ; elle contenait tout ce qui

pouvait égarer ma raison. Je brûlai ce dangereux écrit, après l'avoir baigné de mes larmes.

Qu'il est à plaindre le cœur sensible, livré à toute la force d'un amour secret *et malheureux, qui ne voit dans l'avenir* qu'un océan de peines ! Sir George, s'il eut senti tout le poids des miennes, aurait trouvé sa situation bien moins affreuse, en la comparant à celle qui devenait mon partage.

Le lendemain, le lord Delby était chez mon père, lorsque je passai chez lui pour le déjeûner. — « Miss, me dit-il avec un ton amèrement poli, mylord vient de me faire part de votre mariage. M. Stolfe employe sa fortune honorablement, délicieusement. » Je me sentis agitée, inquiète du ton du lord, auquel je répondis par une révérence, en prenant un siége. M. Stolfe fit prier mon père de passer chez lui. Je restai seule avec le lord. — « Miss, reprit-il, le devoir que vous impose la reconnaissance me paraît rigoureux. Votre cœur gémit, je pense, du sa-

crifice que l'on exige de vous : car quelle
profanation ! les grâces, l'esprit, la beauté,
en échange contre quelques rouleaux d'or !
Mes regards passionnés, continua - t - il
(sans vouloir remarquer ma surprise et
mon mécontentement), ont dû vous apprendre que je payerais de ma fortune entière le bonheur de vous être utile, et de
mon sang celui de vous plaire. Il est temps
encore, miss ; un mot, et je rends à
mylord son hôtel, et à vous les sommes
payées par M. Stolfe. C'est à vous à choi-
sir l'heureux mortel digne de votre préférence. »

La surprise m'avait rendue muette ;
l'indignation me fit exprimer très - vivement au lord tout le mépris que j'avais
pour lui. Mon père rentra : par prudence,
je me contraignis. « Il ne faut point, lui
dis-je, et à M. Stolfe, vous séparer du
lord, sans avoir tout terminé relativement
à votre hôtel : c'est un objet considérable,
je le sais ; mais par cet abandon, dis-je
à notre respectable ami, vous acquer-
rez de nouveaux droits sur ma reconnais-

(129)

sance. » —« Chère miss, dit M. Stolfe, combien votre confiance me ravit ! Oui , mylord, gardez injustement cet hôtel ; mais
dites à milady que je publierai ses procédés par toute l'Angleterre. J'avais droit
d'attendre plus de justice de votre part,
et plus de délicatesse de la sienne. » Le
lord retenait sa colère avec peine. L'air
noble et fier de M. Stolfe , cet air qui
peint si bien l'invincible supériorité des
sentimens sur les titres , le mettait au
désespoir. Je sentis qu'il fallait terminer
cet orageux entretien ; j'entraînai mylord
et son ami, en jetant un regard indigné
sur le lord, qui sortit furieux.

— « Qui pourra jamais m'acquitter avec
vous , dit mylord à M. Stolfe ? Toi ,
ma Séraphie , toi. » Je l'avais promis ; je
le promis encore, et je cachai soigneuse-
ment l'étrange entretien du lord.

Après le dîner , pendant lequel Darmance avait été d'une extrême gaîté ,
M. Stolfe nous proposa d'aller faire une
promenade à quatre milles de Londres ;
nous arrêtâmes devant une maison qui me

parut charmante. — « Elle est à vous, miss, me dit - il ; puissiez - vous y être parfaitement heureuse ! » Nous étions chez lui ; même élégance, même richesse qu'à la ville : les terres étaient étendues et *d'une grande valeur; les jardins délicieux*, et la position superbe : nous l'admirâmes long - temps de dessus une vaste terrasse ; elle dominait beaucoup de maisons de campagne. — « Elles sont habitées, nous dit-il, par des personnes dont la société est très-agréable. Pour ces deux châteaux, je n'en approche jamais : l'un est au lord Delby ; l'autre, à un autre grand seigneur que je n'estime pas davantage. Dans quelques jours, continua - t - il, ce sera ici, miss, que nous célébrerons l'hymen le plus désiré, entourés d'un petit nombre d'amis, avec le calme qui convient à la modestie et à la vertu. »

Le surlendemain, il reçut un billet du lord, qui lui demandait un rendez - vous pour traiter des affaires de mon père. Il lui répondit :

« Je vais dans deux jours à la campagne , mylord , pour y célébrer le mariage de miss de Gange et de mon fils ; permettez que , paisiblement occupé de l'affaire la plus chère et la plus essentielle, j'oublie, jusques à mon retour, celle qui devrait être terminée. »

Nous n'entendîmes point parler du lord les deux jours suivans , et nous partîmes comme M. Stolfe le lui avait mandé.

Je n'avais point revu sir George : un de ses gens venait tous les jours s'informer de ma santé ; je jugeais l'état de son cœur, par les souffrances du mien ; je lui tenais compte de sa discrétion ; je sentais que sa vue aurait été dangereuse et douloureuse pour moi ; je sentais l'énorme différence qu'il y a entre l'amour et la reconnaissance. Quel effort il me fallait faire pour cacher tout ce que me coûtait ma soumission !

Il fut arrêté, le lundi, que le jeudi suivant on célébrerait mon mariage. M. Stolfe et Darmance devaient aller , le lendemain, à Londres , faire sans doute l'achat de quelques bijoux. Il reçut le soir,

une lettre du lord : « Pourquoi vouloir
» différer (mandait - il), un arrangement
» que je désire plus que mylord de Gange
» ne peut le croire ; je l'engage à profiter
» *des dispositions favorables de ma sœur,*
» et à se rendre demain , avec M. Stolfe ,
» chez mon notaire. » Ils partirent effectivement , et Darmance les accompagna.

Je voulus jouir de l'unique douceur qu'il
me fût possible de goûter encore , en me
livrant pendant la journée entière aux idées
tristes dont mon cœur et ma tête étaient remplis. Je fus dans le parc : sa vaste et sombre
solitude me plaisait ; je pouvais y errer sans
crainte. Mais , hélas ! j'y vis paraître
l'unique objet dangereux pour moi. Sir
George m'approcha avec des traits tellement altérés , que je ne pus douter des
souffrances de son ame. Son trouble , ses
plaintes étouffées , et ses larmes, en furent
d'abord la seule expression. La tête appuyée dans mes mains , cherchant vainement à cacher ma tristesse , j'écoutais les
énergiques expressions de son désespoir.
Devoir, raison , nécessité , reconnaissance ,
j'employai

j'employai tout pour prouver à sir George
l'invincible pouvoir des événemens sur notre destinée. « Le temps , disait-il , aurait
vaincu tous les obstacles ; mais l'on vous
arrache à mes vœux , avant qu'il m'ait été
possible de rien tenter pour mon bonheur !
Oh ! miss , avant de nous séparer pour
toujours , laissez - moi croire qu'un intérêt plus tendre que votre pitié , fait couler vos pleurs ; ne me laissez point partir sans me promettre un regret ! »
— « Mille et mille vœux ardens, lui dis-je ,
pour votre bonheur , vous suivront jusqu'au
bout de l'univers. » Sir George tomba à mes
genoux , et n'écoutant plus que sa douleur et
sa tendresse , il m'exprima l'une et l'autre
avec toute la force et l'éloquence que
donne le malheur et l'amour profondément
sentis. « Je pars, me disait-il ; qu'un seul
mot, ce mot consolateur , que mon cœur re-
cueillera , devienne ma gloire , mon bien
suprême ! qu'il m'encourage à supporter
votre absence et la vie ! » . . . . . Qu'il
est difficile de renfermer dans un cœur ,
déchiré par la douleur, le sentiment qui

<table><tr><td>Ire Partie.</td><td>M</td></tr></table>

la cause ! Ma bouche le prononça cet aveu d'un amour malheureux.

J'eus la force de hâter l'instant de notre séparation ; et , dans ce moment cruel, *j'aurais reçu la mort comme le plus doux bienfait du ciel !*

Je ne pris aucune nourriture pendant le reste du jour. Le soir , mon père m'envoya un exprès pour m'annoncer qu'il ne pouvait , ainsi que ses amis , revenir que le lendemain. J'en éprouvai un soulagement extrême : car , je n'aurais pu cacher ni la visite de sir George , ni les traces de ma tristesse. Je n'osai rester dans le parc après la fin du jour ; mais je continuai de me promener sur la terrasse : le temps était superbe, la lune brillante : ah ! lui disais-je , ta douce lumière n'éclaira jamais un être plus malheureux que moi !

J'attendais que Paggy eût soupé pour rentrer avec elle dans mon appartement. Cette fille , à laquelle j'étais attachée depuis l'âge le plus tendre , m'aimait avec une affection dont la gaieté et l'extrême vivacité de son caractère ne l'avaient jamais

distraite : elle lisait dans mon cœur, sans
que la plus légère confidence l'éclairât sur
mes chagrins : attentive, sensible, discrète;
c'était par ses soins, et jamais par ses paroles, qu'elle cherchait à les dissiper. Plu-
sieurs fois, pendant l'après-dîné, elle était
venue autour de moi : un coup d'œil l'avait
éclairée sur ma volonté; elle s'était retirée,
en essuyant des larmes qu'elle aurait voulu
me cacher.

J'étais au bout de la terrasse, vis-à-vis
d'un petit escalier qui descendait dans le
jardin, lorsque tout-à-coup je fus saisie par
trois hommes, qui me fermèrent la bouche avec un mouchoir et me portèrent,
malgré ma résistance, dans une voiture
qui était derrière le mur du parc : elle
partit au grand trot de quatre vigoureux
chevaux. L'un de mes ravisseurs s'était
placé à mes côtés, et tenait mes mains. A
son respect, à son langage commun, je
jugeai qu'il n'était qu'un agent subalterne.
— « Où me conduisez-vous ? » lui demandai-je, à travers mes cris, qu'il ne con-
traignait que lorsque nous passions devant

quelque maison. Il ne répondait pas. J'étais au désespoir. A cinq ou six milles de distance, la violence avec laquelle nous courions, fit casser la voiture. Mes guides prononcèrent d'affreux juremens; il s'éleva même une querelle entre celui qui était à mes côtés, et le cocher : « Ne savais-je pas, disait celui-ci, que cette voiture n'était pas assez sûre ? pareille chose ne nous est-elle pas arrivée en ramenant mylord de Windsor ? » Ce peu de mots m'assurèrent que lord Delby était l'auteur de mon enlèvement. L'embarras de ses gens était extrême : nous étions au milieu d'une vaste plaine et d'une grande route. J'eus quelqu'espérance, lorsque je les vis forcés de se séparer, et que deux d'entr'eux furent de différens côtés pour remplacer la roue brisée. Je restai avec le cocher et celui qui avait été dans la voiture avec moi; il avait oublié sur un des coussins un pistolet, lorsqu'il était descendu : je vis au même instant, que la voiture pouvait se fermer en-dedans; je la fermai, et je ne doutai point que le ciel n'eût écouté mon ardente prière, lorque j'entendis venir une voiture de poste. Mes deux gardiens s'approchèrent, et me dirent qu'ils avaient ordre de me tuer, si j'appelais à mon secours : mais, ne prenant conseil que de mon péril et de mon courage, je brisai une des glaces, en les menaçant de tirer sur eux le pistolet que je tenais, et continuant de pousser des cris aigus. La voiture s'arrêta, malgré les menaces de mes guides, dont l'un voulait intercepter mes cris en fermant avec un manteau la glace que j'avais brisée ; je tirai le pistolet, et il me parut blessé. Dans ce moment, deux hommes descendus de la voiture, s'approchèrent ; je me jettai dans les bras de celui qui se présenta. Grands dieux ! c'était sir George !... Sa surprise, ses transports de joie et de fureur furent inexprimables ; je ne les entendais que confusément, à travers mes actions de grâces et les lamentations des deux scélérats qui m'avaient enlevée, et qui étaient à ses genoux, implorant sa pitié. « Je les connais l'un et l'autre, me dit-il ; l'un, est un des cochers du lord Delby ; l'autre, je l'ai vu aussi chez lui : d'ailleurs, voilà une de ses

voitures et des chevaux qui lui appartiennent. Cruelle et coupable famille , s'écria-
t-il, tant de preuves d'un aussi noir attentat
serviront puissamment contre vous ! »

Nous attendîmes assez long - temps les
secours nécessaires pour faire partir dans
la voiture qui m'avait conduite , les deux
gens de lord Delby. L'un lié , et l'autre
blessé au bras , et sous la garde du valet
de chambre de sir George , n'osèrent
tenter de s'échapper. Deux postillons
ramenant des chevaux à la poste prochaine , conduisirent cette voiture derrière
la nôtre jusques chez M. Stolfe : car ceux
du lord , qui avaient été chercher des secours , n'osèrent sans doute rejoindre leurs
camarades.

Avec quelle satisfaction sir George me
parla du bonheur de m'avoir sauvée des
mains de mes ravisseurs ! il ne me parla de
son amour qu'avec la délicatesse que notre
étrange position semblait lui prescrire.

Le jour allait paraître, lorque nous arrivâmes chez M. Stolfe. Lui, mon père
et Darmance étaient prêts à partir , chacun

de leur côté, pour courir après mes ravisseurs. Paggy m'avait attendue à l'autre extrémité de la terrasse, assez long-temps ;
inquiète de ne me voir ni m'entendre lui
répondre, elle était venue me chercher ;
mais ayant trouvé mon chapeau et ma
chaussure froissés, la petite porte du parc
ouverte, et sa serrure arrachée, elle n'avait
pas douté de la vérité, et avait fait partir
un courrier pour Londres. Mes amis étaient
accourus ; leur joie, en me revoyant, fut
proportionnée à la douleur qu'ils avaient
éprouvée. Mon père et M. Stolfe com-
blaient sir George de remercîmens et de caresses ; Darmance ne lui témoigna qu'une
assez froide réconnaissance.

Ne pouvant supporter, leur dit sir George,
la conduite de sa mère à notre égard, il partait
pour un assez long voyage, lorsque son heureuse étoile l'avait fait me rencontrer et me
secourir. Son indignation était égale à la nôtre. Il ne devait pas être l'accusateur de son
oncle ; mais il voulait que nous profitas-
sions de toutes les preuves que nous avions
contre lui, pour faire restituer à mon père,

et son hôtel et les sommes considérables
que milady avait reçues de M. Stolfe,
pour les billets ravis à mon père pendant
l'ivresse dans laquelle d'odieuses prépara-
tions l'avaient plongé. Le malheureux que
j'avais blessé, était un de ceux qui avaient
voulu assassiner mon père. A sa vue, il
tomba à genoux : il fit un aveu entier des
ordres qu'il avait reçus de milady dans
cette première trame, et dans l'enlèvement
dont il venait d'être un des complices. Ses
ordres étaient de me conduire dans une
terre éloignée, où le lord Delby devait se
rendre. Cet homme et son camarade furent
livrés au juge-de-paix qui reçut, ainsi que le
ministre, leurs dépositions : ils renvoyè-
rent au château du lord sa voiture et ses
chevaux, qui y furent reçus et reconnus
par ses gens. Mon père convint avec le juge-
de-paix, qu'il ne ferait aucunes poursuites
dans cette affaire délicate, qu'à la dernière
extrêmité : « Vous verrez, disait-il, à sir
George, par ma modération, quelle est
l'étendue de ma reconnaissance et de mon
attachement pour vous ; je bornerai ma

vengeance , lorsque je pourrai livrer mes
cruels ennemis à l'opprobre et à la sévérité
des lois. Hier, nous dit-il, après mille vagues
promesses, et des discussions dans lesquelles
le jour entier se passa , milady nous donna
sa parole de tout terminer ce matin ; elle
ne nous retenait que pour donner à ses complices , le temps d'exécuter ses perfides
ordres. »

Sir George, désespéré autant qu'humilié
de tant de noirceur , nous quitta , résolu
de retourner à Londres , où , sans dire qu'il
était mon libérateur , il ferait entendre à
sa mère qu'il était instruit de notre juste
ressentiment contre elle.

J'avais une fièvre assez forte; je me couchai. Dès que je fus retirée , mon père
écrivit au lord , le billet suivant :

« Le digne frère de milady Alfied
est prévenu que mylord de Gange attend de lui la réparation qu'il doit à un
brave gentilhomme , pour l'offense la plus
grave. »

M. Stolfe ajouta ces mots :

« Vainement , mylord, vous tenteriez

de vous soustraire à la punition due à votre horrible forfait ; les dépositions faites par vos gens , et reçues avec toutes les formalités qu'exigent les lois , vous forceront à recevoir celles que notre ressentiment ou notre bonté vous imposeront. Si mon ami succombe dans le combat qu'il vous propose, l'Angleterre entière s'intéressera à la vengeance de son adorable fille. »

Le lord , en recevant ces lettres , parut excessivement agité : il dit au laquais de mon père d'attendre sa réponse ; il s'informa de ma santé. Elle est fort malade , mylord ; une fièvre violente , des douleurs de tête aiguës , des contusions de la tête aux pieds. » — « Grand dieu ! s'écria le lord, je veux moi-même aller » … — « Non , dit milady , en l'arrêtant ; vous ne vous compromettrez point ainsi. » — « Ma voiture ! s'écria le lord , en jurant et se débarrassant de milady. » Dix minutes après , il était parti.

Mon père , en l'apercevant , prit son épée , et courut à sa rencontre. M. Stolfe et Darmance , écumant de rage , le suivirent. « Défends ta vie», cria-t-il au lord, d'aussi loin qu'il put s'en faire entendre. — « Mylord, répondit paisiblement Mylord Delby, je suis venu sans armes ; ce n'est point un combat que ma force, mon adresse et votre convalescence rendraient trop dangereux pour vous, qui serait une réparation de ma part. Frappez ; vous en êtes le maître, dit-il, en s'avançant ; ou plutôt, écoutez-moi. » Mon père, étonné, jeta son épée loin de lui.

« Lorsque je vis miss de Gange, elle me fit éprouver tout ce qui peut enchanter et séduire : je formai le coupable vœu de la posséder. La nouvelle de son mariage irrita mon amour et ma jalousie ; milady Alfied me conseilla un enlèvement que je rejetai comme un crime odieux. Elle le fit mettre hier à exécution, pendant que nous étions occupés à terminer nos affaires d'intérêts : je souffrais une peine réelle de son opiniâtreté à refuser de vous rendre votre hôtel ; et je jure, par tout ce qui est sacré, que j'ignorais l'horrible attentat qu'elle faisait exécuter ; il me reste, mylord, avec la restitution de tout ce qui vous a été ravi, à vous offrir encore une plus juste réparation : c'est ma main et ma fortune que je mets aux pieds de miss *de Gange.* »

— « Lord Delby, dit mon père, si le remords d'une action infâme a dicté votre offre, je vous en remercie ; si c'est la crainte de voir compromettre votre nom, votre fortune et votre réputation, je vous plains. Mais, dans l'un ou l'autre cas, je refuse votre main ; celle de ma fille est promise à la vertu et à l'amitié. Je m'étonne et je m'offense que vous ayez pu croire que l'orgueil pouvait balancer la juste préférence que nous devons au plus généreux des amis ; son alliance m'honore ; la mienne, avec vous, serait un crime avilissant, après les horreurs que votre sang m'a fait éprouver. Venez, mylord : entre vous et moi, il ne doit être qu'une réparation et une vengeance. Si vous refusez de vous battre, j'obtiendrai au moins des lois celle qui m'est due. » — « Je le refuse, dit le lord, ne voulant pas être votre assassin.

sin. Demain, vous verrez si je sais réparer les torts de ma sœur ; car, je le
répète, mylord, j'ignorais l'horrible attentat qu'elle faisait exécuter. »

Le lendemain, dès la pointe du jour,
le notaire du lord était chez M. Stolfe,
apportant l'abandon de l'hôtel ; les sommes
payées par lui pour mon père ; ses bijoux,
mes diamans ou leur valeur ; les contrats
de la terre d'Oxford, et même ceux de
celle du Devonshire, que mon père ren-
voya, ayant été légitimement gagnés par
le lord ; tout enfin ce qui avait passé
de notre fortune chez milady. Mon père
exigea, et cela ne fut obtenu qu'après de
grands débats, et par la crainte d'un éclat
qui l'aurait rendue odieuse à toute l'Angleterre, que la procédure ne fût anéantie que par un aveu signé de sa main, de
l'attentat commis, par ses ordres, contre
moi. — « Non, dit mon père, que j'en
veuille jamais faire usage ; mais il me
garantira des nouveaux attentats de cette
implacable furie. » Elle fut obligée d'y
consentir.

Iʳᵉ. *Partie.*   N

Sir George, très-satisfait de cet arrangement, vint, le lendemain matin, voir mon père, qu'il trouva inquiet de la fièvre que je continuais d'avoir. Il le retint à dîner. Paggy, sans me consulter, après avoir eu l'imprudence *de me dire que sir* George était aussi près de moi, eut celle de servir le café dans mon appartement. J'éprouvai un trouble extrême en voyant paraître sir George. Quel regard inquiet et tendre il porta sur moi! mon cœur le recueillit. Pendant ma maladie, qui fut longue et dangereuse, je le vis sans cesse ce regard de douleur et d'amour! Le soir même, ma fièvre redoubla, et je perdis la connaissance de tout ce qui se passait autour de moi.

Ce fut de Paggy que j'appris les détails suivans :

Les médecins déclarèrent à mon père et à M. Stolfe que ma maladie paraissait causée moins encore par une impression violente, qu'on leur avait dit que j'avais éprouvée, que par le sentiment profond de quelque peine secrète. Pendant mon délire, je ne voyais, je ne parlais que de sir George : je le conjurais de s'éloigner, et je me livrais ensuite aux regrets et à la douleur ; son nom s'échappa si souvent de mes lèvres, que l'on jugea enfin qu'il partait de mon cœur. Tous les jours il venait s'informer de mon état, et se livrait au chagrin le plus vif, lorsqu'il apprenait que j'étais plus mal ; il attendait les médecins sur la route ; il passait les nuits autour de la maison ; il prouva enfin à tous ceux qui m'approchaient, toute la force de sa passion pour moi. Un jour je crus, dans un rêve, le voir frapper d'un coup mortel ; je me livrai à cette cruelle idée avec une vivacité si dangereuse, que l'on jugea absolument nécessaire de me le faire voir. Ce fut le bon, le généreux M. Stolfe qui le conduisit au bord de mon lit. Sa vue inattendue me rendit tout-à-coup la connaissance ; il était tout en larmes. « C'est assez, sir George, c'est assez de bonheur, lui dis-je, avant ma mort, que d'emporter la certitude d'un intérêt si tendre ! je ne regrète point une existence qui ne vous était pas destinée. Adieu! retirez-vous. N'affligez pas par votre présence, l'homme estimable auquel j'étais destinée. » Sir George seul pouvait m'entendre ; mes autres amis s'étaient retirés vers une croisée. Darmance porta sur lui un regard plus farouche que touché. Je fus encore quelques jours en danger ; ma jeunesse et ma force me sauvèrent.

Lorsque j'en eus assez pour remarquer ceux qui m'entouraient , je ne vis plus Darmance ; je le demandai avec l'empressement de l'amitié et de la reconnaissance ; car je me souvenais de tout ce qu'il avait fait pour moi pendant ma maladie. — « Chère miss, me dit M. Stolfe, il est parti ce matin pour l'Écosse , où il est allé pour retrouver quelques parens de sa mère. Il reviendra quand vous le désirerez. » Je sentis toute la délicatesse de ce procédé. Je priai M. Stolfe d'engager Darmance, de ma part, à hâter son retour.

Ma convalescence fut très-lente , et ma faiblesse extrême ne secondait pas le courage que j'avais eu de faire prier sir George de ne plus se présenter chez M. Stolfe. Je devais ce procédé à Darmance ; mais toutes mes pensées, tous mes vœux, le présent, l'avenir, le bonheur, l'infortune, tout était dépendant de sir George ! J'étais justement effrayée de cette abnégation absolue. Ah ! combien je regrettais la mort à laquelle j'avais échappée !

Malgré les cruels procédés de milady Langlade, j'en avais souvent parlé pendant ma maladie ; ma première amitié avait repris son empire, j'avais oublié ses torts : j'étais impatiente d'avoir de ses nouvelles, et de lui annoncer l'arrangement des affaires de mon père, lorsque je reçus de sir Édouard Clarens une lettre qui fut remise à Paggy par un de ses gens. Après l'assurance de son respectueux dévouement, il me disait : « Qu'ayant remarqué quelque contrainte dans les réponses vagues de milady Langlade, lorsqu'il s'informait de moi, il s'était adressé à son époux, qui lui avait confié qu'il y avait un grand désordre dans les affaires de mon père ; qu'il me suppliait de me souvenir de son amour et de sa fortune qu'il désirait plus que jamais pouvoir partager avec moi. Il m'en coûte infiniment, miss, de vous affliger, continuait-il ; mais quel autre pourrait vous avertir du danger que courent la réputation et la fortune de milady votre sœur ? Elle est logée dans un hôtel superbe ; voiture, table, livrée, jeu, parure, spectacle, tout est d'un prix excessif. Un grand seigneur très-avili, connu en Angleterre par ses préférences pour notre nation qui le méprise, paraît la cause de ce faste ruineux. J'ai osé parler à la sœur de miss Séraphie du danger attaché à sa conduite ; j'ai été traité avec hauteur, et consigné à sa porte. »

Cette lettre me causa une peine extrême ; je la lus à mon père, il en fut affligé, alarmé ; car, à l'insu même de la volonté d'un père irrité, tous ces sentimens d'intérêt se placent dans son cœur. J'écrivis à ma sœur ; mais il me fallait un mois pour avoir sa réponse. Un mois me semblait un siècle, dans l'inquiétude où j'étais.

Je n'avais pas encore osé demander

l'époque du retour de Darmance : je le devais ; mais un saisissement involontaire suivait toujours son souvenir. Raison, devoir, estime, reconnaissance, rien ne pouvait dompter les sentimens d'un cœur occupé, malgré moi, d'un autre objet. Je n'avais nul empire sur cette impression profonde ; mais j'en avais un absolu sur mes actions. Je priai donc M. Stolfe de me dire le motif de l'éloignement de son fils. Il me regarda avec attendrissement : « Chère miss, me dit-il, en me remettant une lettre de Darmance, lisez cet écrit avec attention, et répondez-y avec sincérité. » Il sortit. Voilà ce que m'écrivait Darmance :

« Le péril qui vous menaçait, miss, est enfin disparu ; le ciel vous a rendue aux vœux ardens de vos amis ; le bonheur renaît dans le cœur de mylord de Gange : mais, hélas ! qu'il est loin du vôtre et du mien ! Que je serais coupable, miss, d'augmenter par ma présence, le supplice auquel vous êtes en proie ! Je m'arrache avec un effort bien pénible, des lieux que vous habitez : car je vous aime, miss, avec toute la force d'un premier amour , avec toute l'ardeur d'une ame profondément sensible : mon sacrifice en est la preuve. Je dois plus faire encore, miss ; je dois vous rendre la foi que vous m'aviez promise : *tribut cruel* de la reconnaissance et de la nécessité ! Cet effort de votre volonté sur vos sentimens , ajoute à mon admiration. L'amour et l'honneur me dictent mon devoir : celui qui n'obtient pas l'objet qu'il adore , par le don libre de son affection , est un barbare, lorsqu'il feint ne pas apercevoir le sacrifice qu'il coûte. J'aurais pu l'être , miss , et j'en serais mort de désespoir, si , dans les momens d'égarement d'une fièvre dangereuse , vos larmes , vos cris concentrés , un nom... , mille et mille fois prononcé , n'eussent éclairé et déchiré mon cœur. Donnez , miss, un souvenir à mon éternel attachement, et quelques instans de pitié à mes profonds chagrins. Voilà tout ce que doit, tout ce que peut demander l'infortuné Darmance ».

« Ah ! qu'il demande ma vie , m'écriai-je, et ce ne sera pas assez pour payer ses généreux services ! » Je sentis, dans cet instant, ce sentiment de justice intérieure, auquel l'homme n'est sourd que lorsqu'il veut l'être, m'élever au-dessus de moi-même, et dicter impérieusement la réponse que je devais faire :

« Votre éloignement cause à vos amis le chagrin le plus sincère. Pourquoi nous fuir, lorsque nous voulons tous vous donner des preuves de l'attachement que vous méritez à tant de titres ? Pourquoi douter de mon amitié, et me rendre des engagemens aussi sacrés pour moi, qu'ils m'avaient paru vous être chers ? Sir George a aussi des droits sur mon éternelle reconnaissance ; mais c'est à vous, Darmance, que j'ai promis, que je promets encore d'être unie. Nul autre mortel sur la terre ne sera l'époux de Séraphie. »

Je remis ma lettre ouverte à M. Stolfe : je vis en la lisant, ses yeux remplis de larmes. « Chère miss, me dit-il, si c'est seulement bonté, délicatesse, générosité, ne l'achevez pas, je vous en conjure, ce sacrifice qui bientôt serait au-dessus de vos forces. » — « Non, lui dis-je, il est devenu le plus saint des devoirs ; il portera avec lui sa récompense. » Mon père parut. Je lui donnai la lettre de Darmance, et sa réponse ; et je vis aussitôt briller une joie pure sur son front, couvert depuis quelques jours d'une sombre inquiétude.

Sir George, profondément affecté des peines de son cœur, n'offrait plus à sa mère que les soins qu'exige le respect. Son ressentiment de l'indigne rapt qu'elle avait fait exercer contre moi, ne lui laissait pas assez de sang froid pour cacher toute son indignation. Lorsqu'elle éclatait en fureur contre la nécessité où elle avait été de rendre à mon père les biens qu'elle avait usurpés sur lui, sir George approuvait cette restitution, et augmentait par-là sa colère. Ces scènes, continuelles et désolantes, le forcèrent de vivre chez lui très-solitaire. Il visitait le matin mon père et M. Stolfe ; mais il ne demandait plus à me voir. Milady fit suivre son fils, et, après s'être assurée de sa liaison d'amitié avec nous, elle écrivit à mon père le billet suivant :

« Je sais mylord , que mon fils conserve
avec vous des relations ; je vous préviens
que c'est au mépris de mes ordres. La société de mes ennemis ne peut être celle que
je désire pour lui. »

Mon père, justement indigné , remit au
laquais de milady , le billet suivant :

« Oui , milady , sir George , digne d'une
mère plus vertueuse , se console avec moi
quelquefois de ses chagrins. Plus sage et
plus prudent que vous , il honore la vertu ,
et n'insulte point ceux qui pourraient vous
perdre. »

Milady , furieuse , passa chez son fils :
« Lisez , lui dit-elle , cet insultant billet. »
Sir George le lut froidement. « Milady , lui
dit-il , je croyais devoir faire oublier vos
injures à ceux qui , ne les ayant jamais
méritées , ont cependant généreusement
consenti à les laisser impunies. » Milady
ordonna à son fils de cesser toute liaison
avec mon père. « Vous me connaissez ,
lui dit-elle ; haine et vengeance ! voilà quels
seront les guides de ma conduite envers
vous , si vous continuez de voir mylord de

Gange. » Sir George crut devoir venir lui offrir ses regrets amers sur la conduite de sa mère. Lorsqu'il arriva, il prenait le thé avec M. Stolfe. Une troisième place, qu'il trouva libre, lui fit juger que j'avais disparu : il demanda de mes nouvelles. —« Elle est encore très-faible et très-triste. » Ils entrèrent ensuite en conversation sur l'étrange billet de milady. « Sacrifiez, lui dit mon père, à son impérieuse volonté, le plaisir de nous voir : c'est le vœu de Séraphie ; vous le savez, cher sir George. » Le malheureux jeune homme se jetta dans ses bras. « Ne plus vous voir, mylord ! ne plus voir miss Séraphie ! ah ! cet effort est au-dessus de mon courage ! »—« Pardonnez, sir George, lui dis-je en entrant, vous me reverrez bientôt comme une amie, qui ne doit et veut avoir pour vous d'autres sentimens que ceux d'une reconnaissance et d'une amitié éternelles. Vous voyez en moi celle qui sera bientôt l'épouse de Darmance : il est le sauveur de mon père, le fils de notre ami le plus cher, et l'homme estimable que ma libre volonté choisit. Attendez,

Attendez, pour nous revoir, que je sois son épouse : alors, milady, tranquille sur nos sentimens, verra notre amitié sans effroi. »

Sir George me regardoit, sans pouvoir me répondre : je ne sais quelle subite révolution se fit en lui - même ; mais tous ses traits en furent altérés. Je n'en pus supporter la vue sans un attendrissement que je dus lui cacher ; je me retirai, et lui-même partit, le désespoir dans le cœur. Il s'était flatté qu'ayant, pendant ma maladie, laissé voir mon éloignement pour Darmance, l'on ne me forcerait pas à lier à jamais mon sort au sien. L'assurance contraire, que je venais de lui donner, renversait toutes ses espérances.

En arrivant chez sa mère, il s'enferma dans son appartement : mais, déjà instruite de la visite qu'il venait de faire, elle lui reprocha sa désobéissance, sa préférence pour ses ennemis, avec des termes si durs, qu'il en fut profondément affligé. Le lendemain, ses gens, alarmés par le désordre extraordinaire de ses actions, en avertirent milady. Son médecin passa chez sir George, dont l'état lui parut très-dangereux. Un air farouche, une tête brûlante, un regard vague, des mouvemens rapides, des idées déréglées ; tout annonçait le désordre le plus grand d'un cœur fortement blessé de quelque peine secrète. Les jours suivans, il fut dans le même état. Sa mère, alors au désespoir, employa toute la douceur qu'elle trouva dans sa tendresse, pour calmer une situation aussi violente. Elle parla de voyager ; mais il refusa tout, demandant sans cesse M. Stolfe ou mon père : mais milady, au nom' de ceux qu'elle détestait, sentait sa tendresse et sa pitié s'évanouir. Malgré ses ordres, le valet de chambre de sir George apporta un billet pour M. Stolfe et une lettre pour moi, de sa part. Le billet ne contenait qu'une simple invitation de venir le voir. Voici ce qu'il m'écrivait :

« Vous m'avez ordonné, miss, de ne plus vous voir ; vos volontés sont sacrées pour celui qui donnerait mille fois sa vie pour vous ... Mais qu'il m'en coûte pour vous obéir! Depuis cette séparation, mes souffrances sont au-dessus de mes forces... Mon cœur se brise, ma tête s'égare en y songeant... Et ces terribles mots... *Le sauveur de mon père, l'homme estimable qu'a choisi ma libre volonté,*... ils retentissent sans cesse à mon oreille; l'air imposant que vous aviez en les prononçant, me glace encore d'effroi!.. Il sera donc votre époux, miss, cet heureux Darmance! Il jouira seul de vos vertus, de vos charmes, d'un être fait pour l'adoration de tous les autres hommes! Et moi?.. fils de milady Alfied, je serai repoussé, dédaigné, puni de ses crimes!... Ah! cette idée est affreuse!... Miss, dites à mylord de Gange que si vous et lui m'eussiez trouvés digne de vous appartenir, ma vie entière eût été employée à vous prouver mon respect et mon amour!... Quelle différence!... quelle immense carrière de douleur il me reste à parcourir!... Je n'y vois aucun point de consolation et de repos. Cette idée de l'avenir, si douce dans le bonheur, elle est horrible dans l'infortune. . . . . . Miss, donnez un soupir à mes maux ; dérobez - vous aux transports de l'amour, pour me plaindre un moment. . . . Quelle image !.. Séraphie dans les bras de mon heureux rival ! . . . Adieu, miss, adieu! Ma tête s'égare, mille étincelles couvrent mes yeux, des larmes brûlantes s'en échappent ; mes artères battent avec violence, mon cœur est dévoré, et la vie seule est plus insupportable que mes souffrances. »

Cette lettre me causa la plus profonde douleur : par son désordre, je jugeai aisément de l'état périlleux de sir George. M. Stolfe partit à l'instant pour aller juger lui-même sa situation, et, sans se faire annoncer, il fut à son appartement. Il le trouva d'une altération incroyable ; il passa deux heures à calmer l'agitation dangereuse dans laquelle il était, et ne le quitta qu'en lui promettant de le venir voir tous les jours.

Je n'osais, à son retour, m'informer des tristes détails que je désirais ardemment apprendre, et je jugeai aisément que

M. Stolfe m'en cachait une grande partie. Les jours suivans, il continua de visiter sir George : milady même l'en supplia. Il obtint, après de longues sollicitations, qu'il voyagerait. Ce projet avait été arrêté déjà plusieurs fois avec milady, qui voulait l'accompagner jusques à Paris, où elle devait rester pendant qu'il parcourrait l'Italie. Ce ne fut qu'avec une peine extrême qu'il consentit à cela. Enfin, son départ fut fixé, et M. Stolfe le conduisit à quelques milles, où milady lui exprima une sincère reconnaissance.

Moins à plaindre que moi dans ce moment cruel, sir George, sans contrainte, répandait des larmes dans le sein de l'amitié. Les miennes restaient toutes sur mon cœur, mourant de douleur et d'inquiétude. Darmance était prêt à revenir : un devoir sévère m'ordonnait de soumettre jusques à ma pensée. Le ciel voyait, mille fois le jour, et ma faiblesse et mes remords.

Trois jours après le départ de sir George, nous reçûmes, de Paris, la lettre à-peu-près suivante , de sir Édouard Clarens.

« Le prince (nous disoit-il), après avoir entraîné mylord Langlade dans un jeu ruineux, lui avoir fait faire des billets d'honneur pour une somme très-considérable, le fit poursuivre par tous ses fournisseurs; pressé, menacé de tous les côtés et ayant, depuis deux mois, tiré tout ce qu'il était possible de son homme d'affaires, qui ne pouvait plus vendre, vu la substitution de presque tous les biens de mylord, il avait été réduit à se cacher dans une maison de campagne, à quelques lieues de Paris. Son éloignement était tout ce que désirait le prince. Il vit milady , dont les rigueurs avaient paru l'éloigner, et exciter même sa haine. Il ne lui exprima plus ses vœux qu'avec l'impudence d'un scélérat, et la confiance d'un audacieux. Milady avait feint ne pas s'apercevoir de l'excès du mépris avec lequel elle était traitée. Elle lui demanda ses conseils sur les affaires épineuses que son inexpérience rendait pour elle l'image du plus affreux cahos. « Comme anglaise, lui disait-elle, c'est de l'ami de

ma nation que j'implore les secours. » Le
prince ne fit à tout qu'une unique réponse.
— « Ce sont de vos bontés, lui dit-il, ou de
votre mal - adroite fierté que dépendra
votre sort. » Milady contraignit et ses reproches et sa douleur, et, pendant la nuit,
elle se rendit auprès de son époux : elle le
trouva dans des souffrances horribles, que
son médecin attribuait au poison, et qui
terminèrent sa vie, peu d'heures après leur
réunion.

« Jamais situation ne fut plus affreuse.
Etrangère, sans amis, sans protecteurs ;
abandonnée de ceux que les plaisirs avaient
attirés chez elle; privée de ses gens, dé-
pouillée de tout; menacée par ses créanciers
d'une odieuse prison , elle s'était alors sou-
venue de sir Clarens ; il accourut et crut
à peine à tous les maux qu'une conduite
imprudente avait accumulés sur la tête
de milady, pendant le court espace de trois
mois. Sa situation déplorable était la preuve
au moins de son honnêteté. Il se dévoua au
bonheur de la servir ; et, malgré les espions
du prince, il parvint à la soustraire à ses

recherches. Cette précaution était d'une nécessité absolue, jusques à l'arrivée de mon père, qu'il suppliait de venir au secours de sa malheureuse fille ; ne pouvant, ajoutait-il, paraître l'unique appui d'une femme jeune et belle, dont le persécuteur en deviendrait plus cruel. »

Mon père oublia tous les torts de milady Langlade, et ne s'occupa que de notre départ. Je n'osais m'avouer à moi-même quel attrait, indépendant du bonheur de voler au secours de ma sœur, m'attirait vers la France : j'aurais voulu m'abuser moi-même ; mais hélas ! trompe-t-on son propre cœur ?

Mon père décida avec M. Stolfe, qu'aussitôt le retour de Darmance, ils viendraient nous rejoindre, et qu'on laisserait ignorer à sir George que nous fussions en France.

En arrivant à Calais, je m'informai d'une femme de qualité qui avait dû passer quelques jours avant nous avec son fils. « Ce malheureux jeune homme, me dit-on, nous a bien intéressés. Il était d'une tristesse profonde ; il resta plus de trois heures assis sur ce banc, regardant l'Angleterre ;

il ne prononçait que quelques mots étouffés. Milady sa mère paraissait vivement inquiète, et même incertaine si elle continuerait son voyage : elle lui proposa de retourner à Londres. » — « Non, lui dit-il, Séraphie l'exige .... » A ce récit, j'éprouvai une vive douleur. « Ah ! sir George, dis-je alors, que ne puis-je vous rendre au bonheur que vous méritez si bien ! » Pendant le reste du voyage, poursuivie par cette triste réflexion, par les alarmes bien justes que me causait l'état de ma sœur, par celles inséparables du retour de Darmance, je ne savais où reposer ma pensée.

L'état où nous trouvâmes milady Langlade était affreux ! elle se jeta aux genoux de mon père. — « J'ai tout oublié, lui dit-il en la regardant avec effroi, et le ciel m'a trop vengé. » Après quelques momens donnés à la tendresse, ma sœur nous instruisit de l'embarras extrême dans lequel elle était. « Payer toutes les dettes de feu mon époux, dit-elle, la chose est impossible ; partir sans avoir pris des arran-

gemens avec ses créanciers , c'est une espèce de banqueroute , dont l'idée seule me
désespère. » Mon père pensa que le prince
seul était la cause de leurs poursuites; qu'il
fallait à l'instant lui écrire, pour lui demander un entretien — « J'en serai le témoin, dit-il; mais il ne faut pas qu'il le
sache. » Le prince montait en voiture pour
aller à Versailles, lorsqu'on lui remit la
lettre de ma sœur. Il la crut vaincue par
la nécessité , et fit un mouvement de joie.
Il remonta dans ses appartemens , fit une
réponse passionnée , et fixa leur entretien
au lendemain matin. Elle se rendit à son
palais : mais ce n'était plus cette femme
brillante de jeunesse et de beauté, vive ,
enjouée, parée avec toute la voluptueuse
négligence d'une anglaise ou l'art pi-
quant d'une française . capricieuse par vivacité. aimable par habitude , mettant en
usage et les grâces et les talens, pour effacer tout ce qui l'entourait; c'était une
femme belle encore , mais mourante de
douleur de la perte de son époux, qu'elle
attribuait à la suite de leurs réciproques

imprudences. Son ame sans énergie n'a-
vait su ni prévoir, ni supporter les re-
vers.

A la vue de milady, le prince resta muet
de surprise. — «Voilà mon père, lui dit-elle,
dont la secourable bonté est venue m'arracher au désespoir et à la mort .... » Ses
larmes l'empêchèrent de continuer. Le
prince, confus, sentait sans doute toute
l'horreur de sa conduite : il osait à peine
lever les yeux sur mylord de Gange. S'il
eût été français, il l'aurait, au contraire, traité avec la hauteur et l'injustice
dont un homme puissant écrase les victimes de ses déréglemens. Il tint avec un
anglais une conduite opposée. Son amour
pour une nation dont il était méprisé, lui
prescrivit une générosité très-éloignée de
son caractère : il promit à mylord d'arrêter toutes espèces de poursuites ; il ne regarda milady Langlade qu'avec respect,
et mit sur le compte du jeu trop hasar-
deux qu'avait joué mylord, tous les chagrins qu'elle avait éprouvés. Mon père
se retira fort satisfait. Dès le soir même,

l'on rapporta à milady les billets de son époux ; ses diamans , et une partie des effets qui avaient été saisis. L'on paya aux fournisseurs une somme pour le loyer des meubles qu'ils avaient repris ; et la rapidité avec laquelle se termina cette affaire , nous fit juger du pouvoir et des ruses d'un grand seigneur en France.

Je revis sir Clarens. Il ignorait encore les chagrins que j'avais éprouvés. Je lui en fis le triste récit , et celui des arrangemens que mon père avait formés avec son libérateur. Je le vis pâlir. — « Ah ! miss, me dit-il , que de victimes ont faites les erreurs de mylord de Gange ! Croyez que je ne suis pas la moins à plaindre. Quoi ! tout espoir m'est ôté ?... » Mon silence le lui confirma. Il se retira pénétré d'un véritable chagrin.

Fin de la première Partie.